Peter Dawkins

Europa und das Land des Heiligen Gral

Über den Autor

Peter Dawkins (MA, Dipl. Architekt) ist international bekannt als Autor, Vortragender, Visionär und Lehrer. Er ist ferner eine anerkannte Autorität auf den Gebieten der westlichen Weisheitstraditionen, der Hermetik, Kabbalistik, des Neuplatonismus und des Rosenkreuzertums, sowie Spezialist für Sakralarchitektur und Pionier bei der Wiederentdeckung von Landschaftstempeln, Erdenergien und der westlichen geomantischen Tradition.

Nach zehn Jahren praktischer Tätigkeit als Architekt in England und Schottland widmet sich Peter seit 1978 ausschliesslich der Erforschung und Lehre der Weisheitstraditionen, Mythologie und Sakralarchitektur der Welt sowie ihren heiligen Landschaften. Dabei ist es sein besonderes Anliegen, die Verbindung zwischen spiritueller Weisheit, der menschlichen Seele und der irdischen Umgebung zu erforschen und darüber zu lehren.

Seit den frühen 70er Jahren wirkte Peter als Pionier bei der Wiederentdeckung von Landschaftstempeln in Europa und anderen Ländern der Welt und hat viele Menschen der verschiedensten Nationalitäten mit dem Konzept und der geomantischen Erfahrung sakraler Energiestrukturen, sowohl in der Landschaft als auch in umbauten Räumen, bekannt gemacht. Dabei hat er sich besonders auf die Landschaftstempel von Europa und das Gralskönigreich Europas konzentriert und den Aufbau von Gruppen gefördert, die damit auf eine heilende und das Leben stärkende Weise arbeiten. Weiterhin beschäftigt er sich seit den 80er Jahren mit der Entwicklung und Lehre von Zoënce, einem westlichen Äquivalent zum chinesischen Feng Shui. Er ist Gründer und Direktor der Zoënce-Akademie, welche eine Zoënce-Ausbildung anbietet (s.S. 144).

Peter lehrt meistens in Seminaren, Workshops und geomantischen Pilgerreisen zu heiligen Orten der Welt.

Peter Dawkins

Europa und das Land des Heiligen Gral

Übersetzung aus dem Englischen
von Marianne Rieke

oratio

Titel der Originalausgabe:
Europe an the Land of the Holy Grail

1. Auflage Februar 1991
2. Auflage Mai 1995
durch: Francis Bacon Research Trust, England
Gemeinnütziger Verein Reg. Nr. 280616

3., geänderte und stark
erweiterte Auflage, Juni 2001

Oratio Verlag GmbH
oratio books
Postfach 1063
CH-8201 Schaffhausen
Umschlagbild von Michèle Beaufoy nach
Beschreibungen und Skizzen des Autors.
Druck: Ipoly, Komarno
ISBN 3-7214-0700-8

Inhalt

Widmung

Ich widme dieses Buch meinen Freunden, besonders denen, die mich auf den Pilgerreisen durch das Europa des Heiligen Gral begleitet haben.

Danksagungen

Ich danke allen, die mir auf die eine oder andere Art geholfen haben, dieses Buch zu ermöglichen, vor allem meiner Familie, meiner Frau Sarah und meinen Kindern John, Elene und Samuel, ferner Michèle Beaufoy, Gay Browning, Graham Hayes, Caroline McClausland, Siegfried Prumbach, Marianne Rieke, Rob Waygood und Charlotte Yonge.

Einführung

Dieses Buch handelt von heiligen Landschaften und im Besonderen von der vielgestaltigen, schönen, ausdrucksvollen Landschaft Westeuropas, die im Mythos als «Land des Heiligen Gral» oder «Gralskönigreich» bekannt ist. Obgleich die Vorstellung von einem «Königreich» heutzutage nicht mehr sehr naheliegt, werde ich es in diesem Buch doch so nennen, denn so ist es in Tradition und Mythos bekannt, und in ihm herrschen ein Gralskönig und seine Königin.

In dieser Landschaft des Gralskönigreiches liegt ein Energiemuster verborgen, und es findet sich dort eine Intelligenz, die sowohl die Landschaft selbst als auch unser menschliches Bewusstsein und Verhalten darin, einem universellen Plan und Gesetz folgend, gestalten und beeinflussen. Die Landschaft hat eine energetische Achse oder «Wirbelsäule», die sich vom Süden Frankreichs bis zum Norden Schottlands erstreckt. Ihre Breitenausdehnung bedeckt die Flächen zwischen den hohen Bergketten Zentraleuropas bis zur Atlantikküste.

In der Geomantie nennt man solch ein in der Landschaft ausgeprägtes Energiemuster einen Landschaftstempel. In früherer Zeit wurde das Wissen von diesen Dingen für lebenswichtig gehalten und bildete einen wesentlichen Teil der Mysterien-Tradition. Politische Führer, Priester und Architekten benutzten es, aber im Ganzen wurde es gegenüber der Bevölkerung geheim gehalten.

Jeder Landschaftstempel der Welt hat das gleiche energetische Grundmuster mit einer Hauptachse, auf der die wesentlichen Kraftpunkte oder Chakras aufgereiht sind, und anderen Kraftzentren, die in bedeutungsvollen Strukturen über die Fläche verteilt sind, nicht unähnlich dem menschlichen Körper. Trotzdem hat jeder Landschaftstempel gleichzeitig auch wieder seine eigene, einmalige Ausprägung und seinen ganz besonderen Zweck. Ausserdem ist er oft Teil eines weiteren, grösseren Landschaftstempels – schliesslich desjenigen des Planeten selbst. So ist zum Beispiel das Gralskönigreich ein wichtiger Teil des grösseren Landschaftstempels von Europa, und Europa ist ein lebenswichtiger Teil des Welttempels. All dies wirkt zusammen in archetypischer Form, die für Gesundheit und Wohlergehen aller auf dieser Welt lebenden Wesen entdeckt, verstanden und benutzt werden kann.

Dieses Buch beschreibt die wesentlichen Ausdrucksformen des Gralskönigreiches, seine Bedeutung für die Menschheit und den Planeten, und wie es sich dem Autor zu erkennen gab – beginnend mit einer einleitenden Vision, auf die über 25 Jahre der Forschung und Einweihungserfahrung folgten, bis zu der krönenden Bestätigung seiner Existenz als grundlegender Teil und Schlüssel des planetaren Dodekaeders, auf dessen Vorhandensein Plato vor zweieinhalbtausend Jahren schon hingewiesen hatte.

Das Buch führt den Leser nicht nur in das Gralskönigreich selbst, sondern auch in seine «Eltern» und die Mythologie ein, die mit diesen dreien verbunden ist, nämlich in eine Geschichte der spirituellen und psychologischen Archetypen, welche sich sowohl in der Landschaft als auch in uns selbst ausdrücken und unsere jeweilige Bestimmung vorgeben.

Während der Jahre, die der Eingangsvision folgten, hatte ich die Freude, zusammen mit guten Freunden zahlreiche Entdeckungen und geomantische Pilgerreisen im Gralskönigreich zu unternehmen. Den Höhepunkt davon bildete eine neunjährige Folge von Gralspilgerreisen zu jedem der Hauptchakren des Gralskönigreiches als Feier des Milleniums.

Dadurch haben wir sehr viel gelernt. Unser Motto ist: Freude ist ansteckend! Wo immer jemand dem Ort, wo er ist, jedem Wesen, dem er begegnet, und allem, was er tut, mit tiefgefühlter Ehrerbietung, Liebe und Achtung begegnet, bringt dieser Mensch Freude nicht nur für sich selbst, sondern für alle beteiligten Wesen und Plätze hervor. Dazu gehört die Wissenschaft darüber, was man am besten wann, wo und wie tut, um machtvolle Resultate zu erzielen. Dies Buch übergebe ich meinen Lesern in der Hoffnung, dass sie den Wunsch verspüren mögen, selbst Ähnliches zu tun.

I. Kapitel

Die Entdeckung des Gralskönigreiches

Die Vision

Meine Geschichte mit dem Gralskönigreich begann im November 1972, um meinen 27. Geburtstag. Ich arbeitete damals als junger Architekt und war gerade nach Edinburg umgezogen, um Sarah, meiner Verlobten, nahe zu sein, die an der Universität von Edinburg ein Chemiestudium begonnen hatte. Wir heirateten im folgenden Frühling, aber in den Monaten vor dem Hochzeitstag wurde mir eine Reihe von Visionen über das Gralskönigreich zuteil.

Schon in diesem jugendlichen Alter von 27 Jahren waren mir Visionen nichts Neues – doch auch dabei gibt es verschiedene Qualitäten. Seit meiner Kindheit war ich mit der Fähigkeit gesegnet, Dinge zu sehen, die über die physische Welt hinausreichen, und mit spirituellen Führern und Engelwesen zu kommunizieren, wie es ja viele Kinder können. Ich habe aber diese Fähigkeit niemals verdrängt, und sie wurde auch von meinen Eltern oder Lehrern niemals unterdrückt, wofür ich ewig dankbar bin. Andere Menschen, die ich kenne, waren nicht so glücklich. Jedoch brauchen alle Gaben Training und Prüfung, und dieses nahm ich ernstlich erst in Angriff während und vor allem nach Abschluss meiner Studienzeit an der Universität Cambridge, wo ich fünf erfreuliche Studienjahre in der Ausbildung zum Architekten geniessen durfte. Es zeigte sich, dass diese Ausbildung ausgezeichnet die Entwicklung klaren Sehens unterstützte, da man als Architekt die Fähigkeit, sich Dinge vorzustellen und deutlich zu visualisieren, intensiv übt. Man lernt auch, den Sinn einer Vision herauszufinden und sie dann in die Tat umzusetzen. Auch die andere notwendige Fähigkeit; nämlich die Intuition, wird trainiert. Dennoch muss ich sagen, dass die formale übliche Ausbildung allein noch nicht ausreicht, und so suchte und fand ich darüber hinaus auch Mittel und Wege im esoterischen Bereich.

Ein wichtiger Teil bei der Entwicklung und Überprüfung visionärer Anlagen ist es, Visionen nicht nur richtig zu verstehen und zu interpretieren, sondern auch das Vertrauen zu entwickeln, auf ihrer Grundlage zu handeln. Das ist nicht immer leicht! Doch die Belohnung stellt sich zuverlässig ein, wenn man die Visionen und ihre Interpretationen zunächst mit ausreichender Genauigkeit wiedergeben kann und dann in vollem Vertrauen in der Durchführung sein Bestes gibt. Das bedeutet natürlich Dienst oder Hilfe für die Welt, ein besserer und schönerer Ort zu werden, weil schliesslich alle guten Dinge diesem Ziel gewidmet sind. Der Prozess ist in höchstem Masse erzieherisch, und zum Glück lerne ich gern! Es entwickelt sich daraus in der Tat eine ständige Ausdehnung des Bewusstseins und unbegrenzte unendliche Freude. Allerdings hatte mein Weg mit 27 gerade erst begonnen.

Diese einleitende Vision des Gralskönigreiches ereignete sich plötzlich, während ich an einem bestimmten Punkt in einem Vorort von Edinburg stand, und sie war allumfassend in dem Sinne, dass mir der ganze Landschaftstempel mit all seinen wichtigen Fokuspunkten[1] in einer Panoramaansicht gezeigt wurde, so als wäre ich ein Vogel, der hoch über der Landschaft Westeuropas flog. Solch eine unmittelbare, allumfassende Vision war mir einige Male davor schon gegeben worden und gelegentlich auch später, aber normalerweise sehe ich immer einen kleinen Teil zu seiner Zeit. Daraus baut sich Stück für Stück das Gesamtbild auf, und dies wiederum geht Hand in Hand mit sorgfältiger Forschungsarbeit.

Als diese Vision des Gralskönigreiches zu mir kam, stellte ich fest, dass ich auf der Hauptenergielinie oder Achse dieses Landschaftstempels stand – eine gewaltige Welle von Energie rauschte vom Golfe du Lion an der Mittelmeerküste Frankreichs nordwärts, durchquerte Frankreich, England und Schottland bis zum Cape Wrath im Nordwesten Schottlands. Diese Achse bestand aus lichterfüllter Energie. Sie war herrlich. Sie war erhebend. Ich taufte sie «Gralslinie».

Von diesem Zeitpunkt an habe ich, mit zunehmender Hilfe anderer, die Jahre bis heute damit verbracht, diesen aussergewöhnlichen Landschaftstempel zu erforschen, zu erfahren, mit ihm zu arbeiten und sein Bestehen nachzuweisen. Gleichzeitig wollte es das Glück, dass ich viele andere Landschaftstempel entdecken durfte, grosse und kleine, und auch anderen Menschen helfen konnte, das gleiche zu tun. Dennoch blieb dieser Landschaftstempel des Gralskönigreiches für mich durch all die Jahre hindurch das Allerwichtigste. Warum – das sollte ich nicht vor 1998, 26 Jahre nach der ersten Vision, erfahren.

Die Gralslinie erfahren und nachweisen

Ich bin nicht nur Visionär, sondern ich habe auch eine gesunde skeptische und fragende Natur und einen tiefen Wunsch, die Wahrheit zu erfahren. Zum Beispiel bin ich von der Ausbildung her Architekt, Geomant, Historiker und darüber hinaus Lernender, Lehrender und Praktizierender der philosophischen und Mysterien-Traditionen, die die alte Weisheit des Westens ausmachen. Deshalb galt meine erste Sorge nach der Erfahrung der Vision des Gralskönigreiches der Überprüfung, ob sie tatsächlich richtig war. Ich versuchte, sie zu verstehen und herauszufinden, wie man am besten damit arbeiten könnte, wenn sie sich als wirklich erweisen oder wenigstens als wirklich erscheinen sollte.

Es war nicht schwer zu entdecken, dass es sieben deutlich voneinander unterschiedene, sich von Osten nach Westen ziehende Streifen in der Landschaft gibt, die wie die Spros-

Abb. 1: Die Gralslinie und die Chakren des Gralskönigreiches.

sen einer Leiter auf der Gralslinie von Südfrankreich bis Nordschottland angeordnet sind. Diese Streifen haben jeweils ihre eigene, besondere Architektur, Kultur, Religion, Mythologie, Sprache und Musik. Ausserdem beziehen sich die Unterschiede stark auf die jeweiligen Chakren des Gralskönigreiches. Die Chakren sind Fokuspunkte der Energie und des Bewusstseins. Jeweils sieben hauptsächliche Chakren befinden sich sowohl auf der Wirbelsäule eines Menschen als auch auf der Achse eines Landschaftstempels – es sind Wurzel-, Sakral-, Solarplexus-, Herz-, Hals-, Stirn- und Scheitelchakra.

Um das Beispiel von Frankreich zu nehmen: Wenn man einmal seine philosophische Berühmtheit zur Seite lässt, die einem anderen Landschaftstempel angehört, den ich später in diesem Buch noch erwähnen werde, so liegt die besondere Grösse und Freude Frankreichs natürlicherweise in guter Kleidung, ausgezeichnetem Essen und Sex, alles Dinge, die mit den im Bauchraum angeordneten Chakren in Verbindung stehen. In England passt die enorme Anziehungskraft London's gut zu einem machtvollen Herzen, auch wenn dessen Schönheit heute von einer ordentlichen Portion Hässlichkeit getrübt wird. In Schottland sind die Klarheit der Luft und der psychologischen Atmosphäre, verbunden mit der umsichtigen Schläue und dem Erfindergeist der Schotten, wohlbekannt und bringen so die Qualitäten des Stirn- und Scheitelchakras gut zum Ausdruck. Darüber hinaus entspricht der Ärmelkanal als grosse Trennungslinie genau dem Zwerchfell im Körper, das die im Bauchraum liegenden Chakren Frankreichs von denjenigen des Brustraumes in England abgrenzt, während die wilden Grenzen Schottlands eine natürliche, starke Abgrenzung zwischen Brust und Haupt des Gralskönigreiches bilden.

Ebenso ausgeprägt sind die Unterschiede zwischen den Ländern östlich und westlich der Gralslinie, in denen Mystiker, Dichter und Künstler sich mehr in den westlichen Regionen befinden, während die Intellektuellen, Organisatoren und Gesetzgeber den Osten bevorzugen. Hierin drücken sich die Archetypen der rechten und linken Seite des Tempels klar aus.

Ausgehend von dieser recht allgemeinen Grundlage, die aber doch schon deutlich genug ein erkennbares Gesamtmuster zeigt, kann eine mehr ins Einzelne gehende Studie, Landschaft für Landschaft, Chakra für Chakra, erfolgen.

Gralslegenden

Als ich die erste Vision des Gralskönigreiches erlebte, wusste ich von den Gralslegenden schon genügend, um zu erkennen, dass dieser Landschaftstempel das ganze Gebiet bedeckte, in dem sich diese Geschichten abgespielt haben. Ich wusste auch, dass ein Mythos eine Jahrtausende alte Methode zur Weitergabe tiefer Wahrheiten von einer Generation zur nächsten bedeutet, vielleicht nicht mit wissenschaftlicher Präzision, aber in inspirierenden Erzählungen, die zahlreiche Türen zu den verschiedensten Verständnisebenen aufzuschliessen vermögen. Weitere Nachforschungen brachten die Erkenntnis, dass es in der Vergangenheit Menschen gegeben hat, die in geheimes Wissen eingeweiht waren und das Gralskönigreich kannten und voller Eifer bewachten. Sie gaben ihr Wissen entweder durch direkte Einweihungen oder in Form von Mythen, Allegorien und Symbolen weiter. Ausserdem verkörperten sie es in ihrer Architektur.

Damit waren nicht nur die vorchristlichen Kulturen beschäftigt, sondern ebenso die frühe und mittelalterliche christliche Kirche, sowohl keltischer als auch römischer Ausprägung. Ferner führten mich meine Forschungen der Gralslegenden und des Rosenkreuzertums sowie der allgemeinen Geschichte zur Entdeckung einer ganzen Tradition, die klar und deutlich das Wissen um Landschaftstempel besass und benutzte. Leider scheint es so, dass diese Kenntnisse später stark missbraucht wurden und die Tradition etwa im 16./17. Jahrhundert ausstarb. Aus diesen Erkenntnissen konnte ich weitere Einzelheiten entnehmen, die ich dann vor Ort überprüfen konnte.

Geomantische Pilgerreisen

Natürlich ist die beste und eigentlich einzige Art, echtes Wissen zu erwerben, durch praktische Erfahrung möglich. Und hieran kann auch nicht nur ein Mensch beteiligt sein, sondern es müssen viele dabei mitwirken. Anfänglich teilte ich meine visionären Erfahrungen und die daraus folgenden Forschungen nur mit wenigen Freunden. Aber 1980 brachte mich ein sehr beliebter und ganz aussergewöhnlicher Engländer, Sir George Trevelyan, einer meiner Mentoren und Vertrauten, dazu, dass ich in die Öffentlichkeit ging. Von dieser Zeit an begann ich, geomantische Pilgerreisen zu leiten, die nicht nur innerhalb des Gralskönigreiches, sondern zu den verschiedensten Orten und Landschaftstempeln in vielen Ländern der Welt führten. Ich verband sie mit der Entwicklung eines Programms zur Erziehung und Ausbildung anderer auf diesen Gebieten und natürlich fortgesetztem eigenen Lernen.

Geomantisches Pilgern bedeutet, dass man sich als Pilger zu heiligen Orten begibt und dabei bewusst ausgelegte Energielinien benutzt. Die Pilgerreisen erfolgen nicht aus religiösen Gründen in dem Sinne, dass sie zu irgend einer besonderen Religion oder einem Kult gehören – obgleich sie das auch nicht ausschliessen –, sondern eher aus Liebe und Freude daran. Sie dienen dazu, diese Liebe und Freude als Geschenk sowohl den Orten als auch den Menschen zu bringen. Liebe, wenn sie bewusst angewendet wird, ist die gewaltige Energie und motivierende Kraft des Universums. Diese Liebe muss hervorgebracht und dann richtig gelenkt werden. Naturgemäss bedarf es hierzu einiger Anstrengung, der Führung und des Wissens. Man kann das mit «Ehrerbietung bringen» bezeichnen – Ehrerbietung für die Orte, zu denen man pilgert und für die Menschen, die an diesen Orten leben. Dies schliesst ein, dass man etwas über diese Orte oder Menschen lernt – über ihre Geschichte und über ihre Legenden, ihre Kultur und Spiritualität – um sie richtig zu verstehen. Um dies gut tun zu können, braucht man emotionale Erfahrung ebenso wie die Fähigkeit zu intellektuellen Entdeckungen und auch direkter Berührung mit dem Ort. Mit anderen Worten bedeutet volle Ehrerbietung, dass man alle drei Lebensebenen: die emotionale, die intellektuelle und die physische einbezieht und lebt.

Pilgern ist eine alte und viel benutzte Möglichkeit, um Liebe zum Guten der ganzen Welt in die richtigen Bahnen zu leiten. Pilgern tritt diese Liebe regelrecht in den Boden hinein, wo der Pilger Fussspuren aus Liebe hinterlässt, die man tatsächlich mit der Wünschelrute nachweisen kann. Weil unsere Umgebung eine starke Auswirkung auf uns hat, ist es äusserst wichtig, dort gute Gesundheit zu schaffen und in jeder denkbaren Art und Weise zu erhalten. Pilgern hilft den Erdenergien zu besserem Fliessen, indem es Blockaden löst, Verletzungen heilt, das Bewusstsein verändert und alles in Richtung eines grösseren Ausdrucks von Licht und Freude antreibt. Diese Dinge erlebt der Pilger ebenso wie die Landschaft, und er kann dadurch oft tiefe Erfahrungen von Transformation oder Erleuchtung erleben. Somit war das Pilgern schon immer eine der wichtigsten Möglichkeiten, etwas über Landschaftstempel und andere wunderbare Dinge zu lernen, sowie gleichzeitig ein Akt des Dienens. Dies alles trifft auch heute noch in gleichem Masse zu.

Wenn man die Gralslegenden betrachtet, erkennt man, dass alle Reisen, die die Ritter der Tafelrunde, König Artus (Arthur) oder Merlin unternahmen, eigentlich Pilgerreisen waren. Darüber hinaus waren sie auch Einweihungen. Sogar der Heilige Gral selbst, den sie suchten, ist mit der Landschaft verbunden. Aus diesem Gefäss zu trinken, bringt die Art von Wissen, die sowohl Freude als auch Erleuchtung bedeutet. Ausserdem soll es die Erneuerung von Gesundheit und Lebenskraft, Wohlstand und Frieden bringen – und das kann ich mit vollem Recht bestätigen. Wenn der Heilige Gral tatsächlich entdeckt wurde, dann werden die Wunden des verletzten Gralskönigs schnell geheilt und die verwüstete Landschaft verwandelt sich in ein Paradies.

Schlüssel zur Wahrheit

Zusammenfassend bedeutet dies, dass das Gralskönigreich unseres Planeten unmittelbar mit einem grossen Landschaftstempel zusammenhängt, der Westeuropa, die Drehscheibe zwischen Ost und West, bedeckt. In dieser heiligen Landschaft eingeschlossen, befindet sich ein Muster aus Energie und Intelligenz, das die Landschaft nach einem heiligen und universellen Gesetz formt und beeinflusst und das als Teil dieses Musters bestimmte Energiepunkte oder magnetische Zentren im Land selbst hervorruft. Das gleiche grundlegende Energiemuster liegt allen Landschaftstempeln der Welt zugrunde, aber dennoch hat jeder von ihnen seine eigene einzigartige Ausprägung und seinen eigenen Zweck.

Einer der Schlüssel, die diese Wahrheiten zu öffnen vermögen, ist die Mythologie des jeweiligen Landes und der Menschen, die es bewohnen. Es ist bezeichnend, dass jedwede Gralsgeschichte, die man näher betrachtet, eine tiefe Beziehung zu Westeuropa und dem Gralskönigreich hat. Wie alle grossen Mythen, beschreiben sie nicht nur archetypische Wahrheiten, sondern verbinden auch menschliche Geschichte und Prophezeiungen damit und sind ferner mit besonderen Orten in der Welt verbunden.

Die klassische Geschichte von Europa und dem Stier ist solch ein fundamentaler Mythos, der uns hilft, die Wahrheit über das Gralskönigreich zu erschliessen. In diesem Buch werden wir uns also zuerst mit diesem Mythos beschäftigen und dann mit anderen Mythen, die damit direkt in Verbindung stehen, vor allem mit den Geschichten über den heiligen Gral und der keltischen Mythologie, aus denen die Gralslegende im Wesentlichen entnommen ist. Nachdem wir so ein gewisses Verständnis für die Archetypen gewonnen haben, die hinter unserer Welt der Phänomene liegen und vor allem auch hinter dem Gralsreich, werden wir dessen heutige Landschaft betrachten und ihre Bedeutung für uns heute zu erschliessen versuchen.

II. Kapitel

Europa und der Stier

Der Mythos von Europa und dem Stier

Mythen sind wie chiffrierte Botschaften oder Allegorien. Sie benutzen eine symbolische Sprache und sind so aufgebaut, dass sie tiefes Wissen über die Menschheit und die Welt, über Orte und ihre Bewohner vermitteln. Hinter der symbolischen Fassade jedes grossen Mythos versteckt sich eine archetypische Idee, die als «Mutterpause» für die Manifestation einer tiefen Wahrheit auf der Erde wirkt. Diese Manifestation findet dann in einzelnen Menschen, Rassen und Zivilisationen statt, sowie in der Umwelt, in der sie leben. Ausserdem haben all diese Ideen ihre eigene, besondere Zeit und ihren richtigen Ort, um sich manifestieren zu können, obwohl sie gleichzeitig Teil des grösseren Ganzen sind.

Einer der grossen Mythen, der sich gerade in unserer Zeit in dem Prozess der Vollendung seiner Manifestation befindet, ist derjenige von Europa und dem Stier. Der Kontinent Europa ist nach diesem Mythos benannt, und der Mythos enthüllt auch ein umfangreiches Wissen über die Rolle Europas in der Welt, über seinen Entwicklungspfad und seine letztendliche Bestimmung sowie auch darüber, wie die Menschenrassen, die in dieser Landschaft leben, davon beeinflusst werden.

Es gibt mehrere Versionen dieses tiefen Mythos. Die grundlegende Geschichte erzählt, wie Zeus sich in Europa, die schöne jungfräuliche Tochter von Phönix, dem König von Phönizien, verliebte. Um sich ihr jedoch zu nähern und erfolgreich um sie zu werben, musste der grosse Gott die Form eines Stieres annehmen und sich unter die Herden des phönizischen Königs mischen.

Eines Tages, als Europa am Ufer des Wassers spielte und mit ihren Gefährtinnen Blumen pflückte, sah sie den aussergewöhnlich stattlichen und schneeweiss strahlenden Stier[2]. Sie fühlte sich sofort angezogen von seiner sanften, doch majestätischen Schönheit und näherte sich spielerisch dem Stier. Sie streichelte das Tier, wand Blumengirlanden um seinen Nacken und seine Hörner und empfand nach kurzer Zeit Liebe zu dem wunderschönen Geschöpf. Der Stier kniete schliesslich nieder, und Europa kletterte auf seine mächtigen Schultern, woraufhin der Stier zum Wasser sprang und über seiner Oberfläche dahinflog. Die Wogen unter ihm kamen zur Ruhe und zahlreiche Geschöpfe der Tiefe gesellten sich zu ihm im Fluge. (In einigen Versionen des Mythos hatte der Stier Flügel und soll damit durch die Himmel geflogen sein.) In seiner Form als Stier trug Zeus Europa zu einem geheimen Platz auf der Erde – dem nämlichen Ort, an dem seine eigene Mutter, Rhea, ihn nach seiner Geburt vor Kronos versteckt hatte – und dort vereinigten sie sich in Liebe. Daraufhin gebar Europa Hermes (Merkur), das fleischgewordene Wort[3], und ein Goldenes Zeitalter voller Weisheit, Friede und Wohlstand begann.

Eine andere Version dieses Mythos wird meistens in den populären Sagenbüchern erzählt. In dieser Version ist das Gefühl des Zeus gegenüber der schönen Europa mehr von Begierde als von wirklicher Liebe geprägt. Europa fühlt sich von dem Stier angezogen und, nachdem sie auf seinen Rücken geklettert ist, springt der Stier ins Meer und schwimmt zu dem geheimen Ort, wo er sie zu seiner Geliebten macht.

Die beiden alternativen Ausprägungen des Mythos – einmal eine Liebesgeschichte und das andere Mal eher eine Vergewaltigung – sind wichtig und wurden von den Schöpfern des Mythos ganz offensichtlich bewusst so komponiert. Das geht bis in die Einzelheit, dass der Stier in der guten Version fliegt und in der weniger guten schwimmt. Wenn man nämlich diesen Mythos als eine Allegorie für menschliches Verhalten unter bestimmten Umständen ansieht, zeigen die

Abb. 2: Europa und der Stier.

beiden Versionen die beiden ersten Möglichkeiten, die sich ergeben können. Welche davon sich tatsächlich verwirklicht, hängt von der Entwicklung des Menschen und seinem freien Willen ab: Wir haben immer die Wahl.

In einem späteren und besser bekannten griechischen Mythos wird der Phönix-König als Agenor bezeichnet, der der König von Phönizien ist und eine Frau namens Telephassa hat. In dieser Version hat Europa nicht nur ein Kind, sondern ihrer drei aus der Verbindung mit Zeus, nämlich Minos, Sarpedon und Rhadamanthus. Aber, nachdem Hermes bekannt ist als Trismegistos, der «Dreimalgrösste», kann diese dreifache Macht und Fähigkeit durch die drei Söhne dargestellt werden: Minos ist danach ein Beispiel für einen grossen König, Sarpedon für einen mächtigen Krieger und Rhadamanthus für einen Richter, der wegen seiner Gerechtigkeit berühmt ist. Von den dreien jedoch hat Minos selbst all die traditionellen Eigenschaften eines Hermes Trismegistos, nämlich König, Priester und Philosoph in einem, denn er ist gross in Macht und Glück, gross an Wissen und Erleuchtung und auch ebenso an Kenntnissen und Universalität.[4]

Diese spätere griechische Version des Mythos, die vermutlich aus einem älteren in die Ägäis eingebrachten Mythos stammt, war mit bestimmten Orten sowie historischen Gestalten und Ereignissen verbunden. So wird zum Beispiel gesagt, dass Zeus und Europa ihre Liebe unter einer Platane in Gortys, an der Südküste Kretas, vollzogen. Später heiratete Europa den König von Kreta, Asterios, der Europas drei Kinder als seine eigenen annahm. Als Asterios starb, folgte ihm Minos auf dem Thron und wurde der weltbekannte König von Kreta, der das berühmte Einweihungslabyrinth mit dem Minotaurus in seinem Zentrum baute und während des goldenen Zeitalters der minoischen Zivilisation regierte. Die ausgezeichneten Gesetze, die Minos seinem Volk gab und seine aussergewöhnliche Gerechtigkeit und Gnade brachten ihm den höchsten Respekt der Götter ein. Er wurde der Liebling der Götter und der Vertraute Zeus'. Nach seinem Tode wurde Minos belohnt, indem ihm das Amt des höchsten und absoluten Richters der Regionen der Unterwelt, d.h. der irdischen Bereiche, übertragen wurde, das Amt, das allen Welterlösern gegeben wird.[5]

Im Kontext der ursprünglichen Version des Mythos ist jedoch die gesamte Landschaft Europas mit der Geschichte verbunden, und der erleuchtete Sohn der Europa und des Zeus scheint durch einen Teil des Kontinents Europa dargestellt zu werden, der traditionsgemäss das Königreich des heiligen Gral heisst ein heiliges Land oder Landschaftstempel, geboren aus der Vereinigung der Europa mit dem Stier.

Die Kosmologie des Mythos

Die ganze Geschichte hat auch einen kosmologischen Aspekt und zeigt tiefe Wahrheiten auf, wie das jeder Mythos tut. Am Sternenhimmel zeigt das Sternbild Taurus die Geschichte von Europa und dem Stier auf. Auf dem Nacken oder den Schultern des Stiers sitzt die Sternengruppe der Plejaden, «die Sieben Schwestern oder die Versammlung der Richter». Auf alten Sternenkarten sowie auch in Bildern, auf Münzen, Skulpturen und Keramiken werden die Plejaden gemeinsam durch eine Taube dargestellt, die sich auf den Nacken des Stieres schmiegt. Die sieben Hauptsterne, welche die Sterngruppe der Plejaden bilden, sind auch bekannt als die sieben Schwestern oder Tauben, jungfräuliche Töchter des Phönix, König von Phönizien, und seiner Frau Pleione. Die sieben Schwestern werden genau wie ihre Eltern auch Phönixe genannt.

Der Phönix als Symbol ist eine Turteltaube mit einem Federschopf, deren Brust purpurfarben oder weinrot ist und die die Hingabe, den Reichtum und die königliche Eigenschaft der Liebe repräsentiert. Sie ist berühmt wegen ihrer Schönheit und Strahlkraft.[6] Im Hinblick darauf lohnt es sich, Shakespeare's mystisches Gedicht «Phönix und Turtel» («Turtel» bezieht sich auf die Turteltaube) zu lesen, das das Thema der vollkommenen Hingabe und Einswerdung in Liebe zweier Phönixtauben beschreibt, die in einem letzten Höhepunkt miteinander zu einer Liebesflamme verschmelzen und dadurch aus der sterblichen Existenz verschwinden. Dies ist ein Symbol unseres letztendlichen Lebensziels der Vollkommenheit.

Versteckt in den Plejaden und durch diese dargestellt, befindet sich eine Sonne, die hinter der Sonne unseres Sonnensystems «liegt» und um welche sich unser Sonnensystem zusammen mit anderen Galaxien dreht. Diese grössere Sonne bezeichnet das spirituelle Herz, das sich hinter unserem

Sonnenherzen befindet. Man nennt sie auch den achten Stern der Plejaden – den Stern, der die «Mutter» der sieben anderen ist und in seinem Wesen die sieben anderen zusammenfasst, darstellt und beseelt. Dieser Stern wird Maja, «die Mutter» genannt. Man sagt auch, dass Maja durch einen der sieben sichtbaren Sterne dargestellt wird, dem sie ihren Namen gegeben hat, während die anderen sechs, die sechs Schwestern (nicht sieben), Majas Töchter sind. Als Mutter personifiziert sie alle Plejaden, aber als eine der sieben Schwestern wird sie die Erstgeborene, Strahlendste und Schönste der Gruppe genannt.

Die sonderbare Tatsache von Maja's doppelter Existenz als Mutter und Tochter wird vielleicht durch einen anderen My - thos gut erklärt, der diesmal von den Pazifischen Inseln kommt, wo die Plejaden als Matariki, «Kleine Augen», bekannt sind. Diese Geschichte erzählt, dass Matariki vor langen Zeiten ein einziger Stern war, aber so hell strahlte, dass der grosse Gott Tane aus Eifersucht Aumea (das ist der Stern Aldebaran) auf Matariki schleuderte und «Kleine Augen» in sechs kleinere Sterne zerbrach, die jetzt Tauono oder Tau, «die Sechs» heissen.[7]

Maja ist somit Europa, der schönste Stern am Himmel, der zu den Plejaden wurde. Ihre Form wird als die einer Taube beschrieben. Zeus, in der Form des Stiers, zeugte ein Kind mit ihr und so gebar sie Hermes, das «goldene Kind» des Lichtes. Maja's ins Lateinische übertragener Name ist Maria, auf englisch Mary, «die Mutter», während Hermes für die Griechen das Wesen bezeichnet, welches die Römer Merkur nennen. Das Wort Merkur ist vom ägyptischen *Titel* «Maa Kheru» abgeleitet, der allen Eingeweihten zuteil wurde und «das wahre Wort» bedeutet. Von diesem ägyptischen Namen Kheru ist der griechische Name Christos abgeleitet, welches «das Wort» bedeutet. Kheru ist der ägyptische Name für Horus.

Die Römer kannten Maja als Bona Dea, die grosse und fruchtbare Mutter. Die Ägypter kannten sie als Isis und die

Griechen als Persephone. Der Sohn der Isis hiess Horus, entsprechend dem Sohn der Persephone Dionysos, was «Sohn Gottes» (das heisst «das Wort») bedeutet. Sein Vater war Zeus. Osiris, der Gatte der Isis und Vater des Horus, wird dargestellt als inkarniert in der Form von Apis, dem Stier. Osiris ist die ägyptische Entsprechung des griechischen Zeus und römischen Jupiter («Vater des Lichtes»). Ebenso repräsentiert in der christlichen Tradition der Stier Josef, den Gemahl der Jungfrau Maria.

Wenn man das unmittelbar herab auf die Erde und in den Zusammenhang mit einem speziellen Mythos bringt, so findet man Maja als Entsprechung von Britannia, der Göttin von Britannien. Deren Name «Brit-Anna», bedeutet nämlich «die Erwählte der Anna» und ist ein Synonym für die Jungfrau Maria, die Tochter und Erwählte (das heisst Erbin) von Anna.[8] Dies zu wissen ist wichtig, wenn wir im weiteren die Landschaft von Europa betrachten und sehen, warum der

Abb. 3: Britannia mit dem Speer.

Abb. 4: Britannia mit dem Dreizack.

Kontinent seinen Namen nach dem Mythos von dem Stier erhalten hat. In der römisch-katholischen Tradition wird Britannien als die Mitgift der Jungfrau Maria bezeichnet, wobei unter Mitgift ihr Königreich zu verstehen ist.

Es ist interessant, dass die Römer Maja auch als Minerva ansahen, die bei den Griechen Pallas Athene, die «Speer-Schüttlerin» heisst. Die Göttin Britannia wird normalerweise mit einem Speer in der Hand dargestellt und in der Literatur bis ins 16./17. Jahrhundert als gleichbedeutend mit Minerva[9] bezeichnet. Ältere griechische Mythen bezeichnen Athene als die Gattin des Apollo, aber normalerweise werden sie lediglich als Partner, nicht jedoch als Mann und Frau dargestellt. Zusammen wohnen sie auf dem Parnass, dem Berg der Dichtung, Vergöttlichung und Inspiration. Athene wird auch die zehnte Muse genannt, die Anführerin aller Musen und die Patronin der freien Künste und Wissenschaften. Sie ist die Göttin der Dichtkunst, des Friedens und allen Lernens, und ihr

Abb. 5: Pallas Athene mit dem Speer.

wird die Philosophie zugeordnet, die jegliche Kenntnis, alle Wissenschaften und Künste umschliesst und zusammenführt.

Apollo ist der Herrscher des Parnass, der Stern des Tages und Führer des Chores der Musen. Er und Athene sind Gott und Göttin des Lichtes, das heisst der Weisheit, und als solche verbunden mit der Sonne und dem Herzen. Dabei bezeichnet Apollo die Weisheit des Herzens und Athene die Intelligenz des Herzens. In diesem Zusammenhang macht es Sinn, dass Julius Caesar und andere römische Schriftsteller Britannien als das Land Apollo's beschrieben und es gleichzeitig «Britannien» nannten. Da aber Athene ewig jungfräulich bleibt, ist es Zeus, der himmlische Vater des Lichtes, der auch ihren Kindern Vater ist, und nicht Apollo. Ihrer beider berühmtester Sohn heisst Dionysos.

Im dionysischen Mythos wird das Kind von Persephone empfangen und ausgetragen, während Athene als Mutter erst dazutritt, um den Geburtsprozess zu vollenden. Die Geschichte erzählt, dass die schwangere Persephone hartnäckig darauf besteht, den Vater des Kindes von Angesicht zu Angesicht zu sehen, als das Baby in ihrem Schoss erst sieben Monate alt ist. Zeus kann solch eine Bitte nicht mehr ab - schlagen, wenn sie dreimal hintereinander vorgebracht wird, und so geschieht es, dass Persephone vom göttlichen Feuer des grossen Gottes verzehrt wird, als er vor ihr erscheint. Zeus rettet das noch nicht ausgereifte Kind, bevor es mit der Mutter zugrunde geht und pflanzt es in seinen Oberschenkel, wo es während einiger Wochen weiterwächst, bis die richtige Geburtszeit gekommen ist. Sobald das Baby aber aus dem Schutz des göttlichen Vaters hervorgetreten ist, reissen es die Titanen in Stücke. Athene jedoch rettet das Herz des Babys und umgibt es mit einem neuen Körper, so dass das Kind schliesslich als «Dionysos» geboren (oder wiedergeboren) wird.

Eine Erklärung dieser aussergewöhnlichen allegorischen Erzählung, die in den griechischen und römischen Mysterienschulen gelehrt wurde, besagt, dass Persephone die natürliche menschliche Psyche darstellt, die im Feuer der Ekstase verzehrt wird, wenn sie ihren göttlichen Geliebten von Antlitz zu Antlitz erblickt. Demgegenüber kann Athene als Name des höheren, vom Göttlichen erleuchteten Aspekt der Persephone verstanden werden. Sie ist fähig, ihre eigene natürliche Seele in ein göttliches Wesen zu verwandeln, da sie sich selbst in einem höchst erleuchteten und ekstatischen Seinszustand befindet. Das Natürliche stirbt, um dem Spirituellen zur Geburt zu verhelfen, aber der Tod (der zum natürlichen Zustand der Psyche gehört), ist in Wirklichkeit eine Transmutation in den spirituellen Seinszustand, welche aufgrund der reinen Ekstase und Erleuchtung der Liebe stattfindet.

In der Geschichte von Europa und dem Stier wird das symbolische Spiel zwischen der Taube und dem Stier, die augenscheinlich unvereinbare Gegensätze in Bezug auf eine mögliche Vereinigung in einer Ehe oder Liebesbeziehung darstellen, in den Sternen erklärt. Während nämlich der Stier das Tierkreiszeichen Taurus darstellt, ist die Taube ein höheres Symbol des Skorpion. Dieser bezeichnet die schrittweise Entwicklung und Transmutation des menschlichen Wesens durch seine vier Symbole des Skorpions, der Schlange, des Adlers und der Taube. Im Tierkreis liegen die Zeichen Taurus und Skorpion einander gegenüber und bilden so zwei sich ergänzende Pole. Ausserdem sind beide Zeichen, Taurus und Skorpion, eng verbunden mit dem 13. Tierkreiszeichen, das ebenso dual ist und zu welchem Taurus und Skorpion die Zugänge darstellen. Das 13. Zeichen wird von zwei Konstellationen ausgedrückt: Auriga, dem Wagenlenker, der sich an Taurus anschliesst, und Ophiachos, dem Schlangenträger, der neben dem Skorpion steht. Durch ihre Vereinigung und ihre ausgeglichene Natur bezeichnen sie die Erfüllung des Heiligen Gral.

III. Kapitel

Atlantis

Das Geheimnis von Atlantis

Phoenix, der Vater der Europa und König von Phoenizien, ist bekannt als Atlas, der sagenhafte Hochkönig (der oberste aller Könige) von Atlantis. Die Geschichte von Atlas kann man in der griechischen Mythologie finden, aber die Erzählung von Atlantis stammt ihrem Ursprung nach aus Platon's Bericht. Der Athener Philosoph schrieb diesen Mitte des 4. Jahrhunderts v. Chr. in seinen beiden Dialogen Timaios und Kritias nieder. Dabei enthält der erstere die Beschreibung von Atlantis selbst und der letztere einen kurzen Bericht über seine Zerstörung durch die grosse Flut.

Plato war Eingeweihter der Mysterienschulen, und es ist wichtig zu wissen, dass seine Geschichte von Atlantis im Wesentlichen eine Fabel ist, eine Allegorie, die, wie in Mythen üblich, spirituelle und psychologische Wahrheiten weitergibt, die in den Mysterienschulen gelehrt wurden. Gleichzeitig haben aber diese Wahrheiten auch eine Verbindung zur Landschaft und zum Körper der Erde selbst, ebenso wie auch zum menschlichen Körper. Dies vollzieht sich aber nicht immer so, wie man es auf den ersten Blick denken sollte.

So ist zum Beispiel die Psyche mit dem physischen Körper als seine feinstoffliche Form verbunden durch das, was man heutzutage den «dichten Ätherkörper»[10] nennt. Dieser ist die unterste Ebene oder «Unterwelt» der Psyche. Die Form der Psyche, die den dichten Ätherkörper einschliesst, besteht aus feinstofflichen Energiemustern und Energieknotenpunkten, die man Chakren nennt. Ihre Substanz würden wir als «mentale Materie» bezeichnen. Das bedeutet, dass es ein Körper des Mind oder der Intelligenz ist, etwa so wie eine Gedankenform, aber mit einer individuellen Seele und einem eigenen Geist, sowie auch einem eigenen Zweck und einer ebensolchen Existenzmöglichkeit. Ihr ätherischer Aspekt durchdringt den physischen Körper und ist vermittels gewisser energetischer Verbindungen in der physischen Form verankert. Dabei spielen die Chakren eine Schlüsselrolle. Auf diese Weise werden die grossen spirituellen Wahrheiten und Archetypen von der Seele zur Erde hinuntergeleitet und in körperlicher Form und Verhaltensweise zum Ausdruck gebracht. In Bezug auf das, was wir die Welt nennen, das heisst unseren Planten Erde, der seine eigene Psyche und seinen eigenen Mind hat, besagt dies, dass der Ätherkörper des Planeten seinen physischen Körper durchdringt und damit den feinstofflichen Energieaspekt der Landschaft formt. Mit diesem Ätherkörper sind daher bestimmte Kennzeichen der physischen Landschaft in bedeutungsvoller Weise verknüpft.

Gemäss Plato war Atlas der Älteste von zehn Söhnen des olympischen Gottes Poseidon[11] und seiner sterblichen Gattin Kleito. Atlantis wurde unter ihnen in zehn Königreiche aufgeteilt. Die griechischen Mythen über Atlas besagen allerdings, dass der Titan Japetos, Sohn von Uranos und Gaja, der Vater des Atlas war und dass Prometheus, Menotheus und Epimetheus Atlas' Brüder waren. Das würde Poseidon zum Halbbruder des Atlas, nicht zu seinem Vater machen. In der griechischen Kosmologie stammen von Uranos und Gaja, den ersten göttlichen Eltern, zunächst die Titanen ab, die von Kronos und Rhea angeführt werden. Sie bringen ihrer - seits die Olympier hervor, über die Zeus und Hera regieren. Japetos ist der Bruder des Kronos, Poseidon ist ein Bruder des
Zeus. Allerdings ist zu bedenken, dass Plato, der die griechi -schen Mythen sehr wohl kannte und dies auch bei seinen Zuhörern voraussetzen konnte, wahrscheinlich ein anderes, tieferes Geheimnis mitteilen wollte, als er die Abstammung

des Atlas so veränderte. Es ist auch interessant, dass dieses Poseidon-Thema sich in einigen der romano-keltischen Symbolen von Britannien wiederfindet:

Nach Eusebius entsprach Atlas der berühmten biblischen Figur des Enoch. Enoch (aus dem Hebräischen: Ha-Nokh) bedeutet «Der Eingeweihte» und entspricht somit dem Titel des Atlas als «Der Phoenix»: Der Phoenix nämlich ist das Symbol vollständiger Meisterschaft und Transmutation der menschlichen Seele und des menschlichen Körpers in Licht, welche den Gipfel aller Einweihungen darstellt.

Die jüdisch-kabbalistische Tradition sagt zum Beispiel, dass Enoch ein berühmter Magier und Lehrer war, von dem grosse Weisheitslehren, wie zum Beispiel die Kabbala selbst, stammen. Er lebte in der Zeit, bevor die grosse Flut Atlantis zerstörte, und war der erste aus der Menschheit, der über die höchsten Himmel, noch über alle Engel, aufstieg, um ein Messias zu werden. Eine andere Version der Geschichte besagt, dass Enoch es ablehnte, über dem höchsten Himmel in den Zustand der vollständigen Rückkehr in die göttliche Transzendenz einzugehen, und stattdessen wählte, in diesem geschaffenen Universum anwesend zu bleiben. Aus Liebe zur Menschheit kehrt er nun wieder und wieder zur Erde zurück als der grosse Lehrer, Herold und Wegbereiter für den Messias. Diese letztere Geschichte ist nur eine Beschreibung der Opferrolle des Messias, aber gerade in diesem Sinne bringen die Kabbalisten Enoch mit Elia und Johannes dem Täufer ebenso wie mit dem Messias in Verbindung. Somit gibt es zwei Arten der Manifestation des Messias: Einmal als «Sohn des Joseph», der sterben muss, und zum anderen als «Sohn des David», Sieger über die Feinde Gottes, Hirte und Erlöser seiner «Schafherde».

Die hebräische Bibel erzählt, dass Enoch mit Gott wandelte und dann nicht mehr war, da Gott ihn zu sich nahm.[12] Der heilige Paulus berichtet im Neuen Testament:

«Durch Glauben wurde Enoch entrückt, ohne den Tod zu sehen, 'und er wurde nicht mehr gefunden, weil Gott ihn entrückt hat' (Gen. 5: 24). Vor seiner Entrückung wurde ihm bezeugt, dass er Gott wohlgefalle.»[13]

Enoch lebte symbolisch 365 Jahre, was einen vollständigen Evolutions- und Einweihungskreislauf bedeuten soll, da er die Zahl aller Tage des Jahres darstellt.

Als Atlas wurde er in der griechischen Mythologie dadurch berühmt, dass er zusammen mit den Titanen Zeus bekämpfte. Da er aber besiegt wurde, wurde er dazu verdammt, auf der Erde zu stehen und den Himmel auf seinem Haupt und in seinen Händen zu tragen. Diese Geschichte erzählt in seltsam verschlungener allegorischer Form, wie er aus eigener Anstrengung nach dem Thron des Zeus in den höchsten Himmeln griff, im Angesicht all jener Schwierigkeiten, die jeder Eingeweihte überwinden muss, und wie er nun als Ergebnis davon in der Lage ist, alle Reiche zu verbinden und auf allen Ebenen gleichzeitig zu sein und zu dienen – es muss jedoch wirklich ein Akt reinen Dienens sein. Sein Name bedeutet «der aus den Wassern emporgestiegen ist» und auch «der andere aus den Wassern emporträgt». Diese Beschreibung verbindet ihn auch mit Taurus, dem Stier, der immer dargestellt wird, wie er sich aus den Wassern oder der «Flut» erhebt, mit Europa auf seinen Schultern. Die Wasser bezeichnen das wässerige Element der Psyche, im Unterschied zu der Luft des geistigen Reiches, und der Stier ist niemand anders als Atlas.

Das besondere Kennzeichen des Atlas ist der Dreizack, den er mit Poseidon gemeinsam hat. Er ist auch das Attribut seiner Tochter: ältere Darstellungen der Europa als Göttin Britannia zeigen sie nämlich öfter mit dem Dreizack als dem Speer. Wie oben schon gesagt, bezieht sich die Symbolik des Dreizacks auf die von Plato erzählte Geschichte, da der Dreizack normalerweise vor allem mit Poseidon in Beziehung steht.

Plato bediente sich der Symbolik, um Poseidon vermutlich als die natürliche Seele und die psychologische Bewusstseinsebene darzustellen, die traditionell durch Wasser symbolisiert

Abb. 6: Die dreifach gefiederte Krone des Prinzen von Wales.

wird. Dagegen repräsentiert in diesem Schema Zeus das luftige Reich des Geistes und Hades das irdische Reich des Körpers und des physischen Universums.

Die dreizinkige Gabel des Dreizacks ist mit dem Trishul von Shiva identisch und stellt ein altes Symbol der Erleuchtung dar, das in der westlichen Überlieferung als Taube gesehen wird. Sie steht auch in direkter Verbindung mit dem Heiligen Geist.[14] Übrigens findet sich das Wort «tri-shul» mit derselben Bedeutung in der welschen (d.h. britischen) Sprache wieder. In dieser Symbolik bedeutet der Stab des Dreizacks die Wirbelsäule und Energie des Menschen, während die dreizinkige Gabel darüber die dreifache Feder aus weis - sem Licht darstellt, die aus dem Scheitelchakra über dem Haupt eines erleuchteten Menschen emporschiesst. Die Krone aus drei Federn des Prinzen von Wales und die Feuerzungen über den Häuptern der Apostel Jesu beschreiben die gleiche Wahrheit. Sie stellen den Tröster oder Heiligen Geist dar, der als eine «Taube» beschrieben wird, die über dem Haupt eines jeden Menschen erscheint, der einen solchen Zustand der Liebe und Erleuchtung erreicht hat.

«Atlantis» bedeutet «das Heilige Land der Wasser» oder «das Land, das sich über die Wasser erhebt», und ist ein Name, der sich vom Wort «atl» ableiten lässt, welches «Wasser» bedeutet. Man spricht von Atlantis als von einer Insel (englisch: island), weil «is» «heilig» bedeutet. Somit bedeutet «is-land», d.h. Insel, das heilige oder geweihte Land, das sich aus dem Wasser oder der Flut erhebt. Die Insel Atlantis und der Stier haben danach die gleiche Bedeutung. Wenn man dies allegorisch auf das menschliche Wesen anwendet, bezeichnet es jemanden, der sich aus dem wässrigen Reich des psychologi -schen Bewusstseins als spirituelle Seele in die luftigen Höhen geistigen Gewahrseins hinaufschwingen kann. Dies ist in Wahrheit eine Transmutation und Erleuchtung, die der Phönix symbolisiert, und stellt das Bestimmungsziel der natürlichen Seele oder Psyche dar. Solch ein erleuchteter Mensch kann dann auch anderen helfen, sich in diesen glücklichen Zustand zu erheben. Die beiden Formen der christlichen Taufe, nämlich zuerst diejenige mit Wasser und dann die Taufe durch den Heiligen Atem und Feuer, beziehen sich auf dieses Geheimnis.[15]

Atlas soll der Vater der Plejaden, Hyaden und Hesperiden gewesen sein. Pleione war die Mutter der sieben Plejaden und der fünf Hyaden, während Hesperis die Mutter der sieben Hesperiden war. Es scheint jedoch, als seien die Hesperiden identisch mit den Plejaden und Hesperis nur ein anderer Name für Pleione. Weiterhin sind die Hesperiden (oder Plejaden) auch bekannt als die Atlantiden, die sieben Töchter des Atlas, die aus den Tiefen der Flut auf die Schultern ihres mächtigen Vaters erhoben werden.

Die zwölf Töchter des Atlas (das sind die sieben Plejaden/Hesperiden und die fünf Hyaden) werden allegorisch als Halbgöttinnen beschrieben, stellen jedoch gleichzeitig Inseln oder Teile von Atlantis dar. Ausserdem sind sie auch Sterne. Ja, sie sind sogar Sterne im Zeichen des Stiers, was wiederum darauf hindeutet, dass der Stier den Atlas darstellt. Der Stier ist auch, wie wir gesehen haben, der Körper oder die Form, die Zeus wählte, um um Europa (die Plejaden) zu werben. So wird zwischen dem Stier des Zeus und der Taube der Europa unterschieden. Taurus ist auch eine Darstellung des Atlas, weshalb man sagen kann, dass Atlas als der Stier als Aspekt des Zeus zu verstehen ist.

Wie wir schon bemerkt haben, sitzen die Plejaden («die Sieben Schwestern» oder «Sieben Tauben») hinten auf dem Nacken des Stiers und bezeichnen so das Alta-Major-Chakra des Kopfes, das Zentrum der einfliessenden Geisteskraft. Die Hyaden (die «Feuchten Töchter»), die man auch »Suculae» d.h. »Schweinchen» nennt, bezeichnen das Antlitz und die Nase des Stiers. Der hellste Stern dieser Konstellation ist Aldebaran, der das Auge des Stiers markiert.

Die Hesperiden sind die Glücklichen Inseln, die mit Avalon gleichgesetzt werden. Pindar beschreibt sie als «ein schmales und geheimes Stück Land, lang in seiner Ausdehnung und an allen Seiten vom Meer umgeben». Dort wird Atlas verehrt. Das Land hat einen hohlen Berg, den Berg Atlas, der, mit Bäumen und Früchten angefüllt, dem Atlas geweiht und schwer zu erreichen ist. Dies sind die Gärten der Hesperiden mit ihrem berühmten Apfelgarten und den goldenen Äpfeln, die von einem Drachen bewacht werden. Ausser Herkules soll auch Merlin von diesen Äpfeln gekostet haben.

Merlin's ursprünglicher, keltischer Name, «Myrddin», bedeutet «der Mann, der aus dem Urmeer stieg». Das setzt den ori -ginalen, archetypischen Merlin fast sicher gleich mit Atlas, dem grossen Eingeweihten und Phönix-König von Atlantis. Es ist bedeutsam, dass Britannien als «Clas Myrddin» d.i.

«der umfriedete Platz Merlin's» bekannt war – ein Name, der alle drei Länder, Britannien, Irland und Schottland, umfasste, ehe sie getrennt wurden.

Mit diesem letzten Schlüssel können wir nun erkennen, wie die Mythen ineinander verwoben sind und so beides verbinden:

1. Britannien (oder besser Britannien, Irland und Schottland) mit den Hesperiden oder Plejaden, den sieben Sternen, welche Europa, die Taube, bezeichnen und
2. Das europäische Festland mit Taurus, dem Stier, dem Atlas von Atlantis. Weiter finden wir, dass Atlas, der Phönix-König, auch als Enoch und Merlin bekannt ist, während Europa, seine Tochter als Maja, Maria, Britannia oder Athene gilt.

In der hebräisch-kabbalistischen Tradition bezeichnet der Buchstabe Vau (V) das Sternbild Taurus. Im kabbalistischen Lebensbaum steht dieser Buchstabe für den Pfad[16], der mit Weisheit, Gnade und Intuition zusammenhängt. Dies ist der Pfad des Hierophanten bzw. Hohenpriesters, wie er in der entsprechenden Tarotkarte der Grossen Arkana beschrieben ist, und das ist auch eine passende Beschreibung für Atlas in der Rolle des Enoch oder Merlin.

Der Stier oder Ochse wurde auch zur Darstellung des Buchstabens Aleph (A), welcher den Anfang oder die Quelle meint, benutzt. Dies ist der erste Buchstabe des hebräischen Alphabeths, genau wie seine Entsprechung der erste Buchstabe im griechischen Alphabeth und in unserem modernen ist. Man sagt, dass die Form des Buchstabens selbst den Hörnern und dem Gesicht des Stieres abgeschaut ist und dass alle anderen Buchstaben sich aus diesem ersten ergeben. Das kann man noch leichter am griechischen α erkennen, der, aufrecht gestellt, das astrologische Zeichen für Taurus bildet. Der jüdische Patriarch Joseph war hiermit verbunden, da man ihn neben der Bezeichnung «Der Zweig» auch «Stier» oder «Einhorn» nannte.[17] Später wurde das Zeichen des Stiers seinem Sohn Ephraim zugeordnet (und damit dem ganzen

Stamm Ephraim), dem das Recht der Erstgeburt übertragen wurde. In der späteren christlichen Tradition erhielt auch Joseph, der Ehemann der Jungfrau Maria, das Symbol des Stieres.

Astrologisch gesehen regiert Taurus den Nacken, die Kehle und die Schultern. Dadurch ist er verbunden mit der Stimme Gottes, die durch das Wort Gottes alles erschafft. Zum Beispiel repräsentiert der Stier in der ägyptischen Tradition den «Mittler der Göttlichen Stimme»[18], während er im christlichen Verständnis das «fleischgewordene Wort» bedeutet.

Die mythische Geschichte von Atlantis bietet viele Interpretationsebenen. Auf einer Ebene erzählt sie uns von den geistigen Archetypen und Gesetzen, die die Psyche der Menschheit und der Welt regieren, während sie auf einer anderen Ebene sowohl die Anfänge der Menschheit als auch die Geburt einer menschlichen Rasse aus einer früheren beschreibt. In einer Legende, die rund um die Welt erzählt wird, heisst es, dass die Menschheit unseres Planeten von den Plejaden herkommt, während eine andere Legende davon berichtet, dass die jetzt lebende menschliche Rasse von Atlantis, nämlich den Nachkommen der Atlanter, abstammt. Diese Legenden hängen miteinander zusammen und berichten auf zweierlei Weise dieselbe Wahrheit.

Die grossen Mythen sind ihrem Grunde nach lebendige Ideen des universellen Geistes, die sich immer und immer wieder in der Materie manifestieren, sowohl makrokosmisch als auch mikrokosmisch, sobald die richtigen Orte und Zeiten zur Verfügung stehen. Gerade jetzt manifestiert sich der atlantische Mythos in Bezug auf den Kontinent Europa erneut.

IV. KAPITEL

Arkadien und das Goldene Zeitalter

Arkadien

Europa, die Taube, steht auf bemerkenswerte Weise in Verbindung mit Arkadien, dem Land der Rosenkreuzer. Arkadien seinerseits ist mit den beiden berühmtesten Geschichten über die Taube und die grosse Flut, die Atlantis zerstörte, verbunden. Zuerst gibt es die Geschichte von Europa und dem Stier, in welcher Europa auf dem mächtigen Nacken und den Schultern des Stiers über die Wasser davongetragen wird zu einem sicheren Hafen in dieser Welt, wo sie ihre drei berühmten Söhne zur Welt bringt. Die zweite Geschichte bezieht sich auf Noah, der die Arche baute, in der ein auserwählter Rest der Menschheit die grosse Flut überleben konnte. Noah sandte dann eine Taube von der Arche aus, um herauszufinden, ob die Wasser der Flut sich vom Antlitz der Erde zurückgezogen hätten, so dass er und seine Familie mit all den geretteten Geschöpfen aus der Arche auf trockenes Land hinausgehen und die Welt wieder bevölkern könnten. Noah's drei Söhne wurden die berühmten Vorfahren der Menschenrasse nach der Flut. Später wurde die Taube, die einen Olivenzweig zu Noah zurückbrachte, zum Wahrzeichen für Frieden und Erleuchtung. Es ist nicht schwer, die Verbindung zwischen diesen beiden Geschichten zu sehen, ebenso wie zwischen Noah's Arche und Arkadien, dem Land der Arche.

Arkadien wird in der Legende mit zwei Konstellationen am Himmel, Ursa Major und Ursa Minor, dem Grossen und Kleinen Bären, in Beziehung gesetzt. Aus diesem Grunde werden die Arkadier als «Bärenrasse» bezeichnet. Man beschreibt sie sowohl als Krieger wie auch als Schafhirten, die diese beiden einander entgegengesetzten Aspekte in vollkommener Ausgeglichenheit und Harmonie in sich verbinden. Ferner werden sie als Jäger und Schweinehirten beschrieben, jedoch kennt man sie meistens als Schafhirten, die Eicheln verfüttern. Ihr Land Arkadien soll von grosser Schönheit sein und wundervolle Wiesen, Seen, Hügel, Berge und Wälder tragen. Es gibt dort Schweine, die um die Wurzeln der Eichenbäume graben, Schafe, die auf den Weiden grasen, und aussergewöhnlich schöne Rinder (Ochsen), Pferde und Esel. Alles ist friedvoll und idyllisch und lebt in einem goldenen Zeitalter unter den Fittichen des grossen Gottes Pan (der auch Kronos ist).

Arkadien trägt seinen Namen von Arkas, dem grossen Helden von Arkadien. Seine Mutter war Kallisto, die Königin Arkadiens. Sie ist wunderschön, und Zeus, überwältigt von ihrer Schönheit, verführte sie. Daraufhin gebar sie einen Sohn, nämlich Arkas. Hera entdeckte, was geschehen war, und in ihrer Wut versuchte sie, Mutter und Kind zu töten. Arkas konnte in den Wäldern versteckt und so vor Verletzungen bewahrt werden, aber es gelang Hera, Kallisto in eine Bärin zu verwandeln. Später tötete Arkas sie durch Zufall beinahe. Er selbst wurde dann König von Arkadien und lehrte seine Untertanen die Kunst des Landbaus, die Haltung von Bienen und das Spinnen von Wolle, was er von Triptolemos und Aristaios gelernt hatte. Zeus erhob beide, Kallisto und Arkas, in den Himmel und verwandelte sie in die Bärensternbilder: Kallisto in den grossen, Ursa Major, Arkas in den kleinen Bären, Ursa Minor.[19]

Die Arkadier heissen danach also Bärenrasse, werden aber auch als Phönizier, d.h. Phönixrasse bezeichnet. Die Phönix-Taube ist ihr Symbol. Die Zuordnungen von Schaf, Taube und Bär in der Symbolik von Ursa Major und Ursa Minor verschmilzt mit verschiedenen Versionen der ursprünglichen Namen dieser Konstellationen. So bedeutet zum Beispiel das hebräische Wort «Dohver» «eingezäuntes Gelände» (d.h. Schafspferch), aber sowohl die Schreibweise als auch die Aussprache sind mit einem anderen hebräischen Wort identisch, nämlich mit «Dohv» was «Bär» bedeutet. «Dohv» sieht so aus und wird so ausgesprochen wie das englische Wort «dove», das auf deutsch «Taube» heisst. Tatsächlich ist in einigen alten Landschaftszodiaks (das sind Tierkreise, die sich in der Landschaft selbst zeigen) der Kleine Bär als Taube eingezeichnet.

Das Hauptkennzeichen dieser Konstellationen ist ein Muster aus sieben Sternen, die wie eine Kasserolle, ein Kochtopf mit einem Stiel, aussehen. Wahrscheinlich entfalten die sieben hellsten Sterne der Plejadengruppe das gleiche Muster. Der Name von Ursa Major in Sanskrit lautet «Riksha» und bedeutet «Stern». Das bezieht sich auf die sieben Sterne oder «Sieben Strahlenden», wie der Volksmund sie nennt, gemeinsam. Allerdings bedeutet «Riksha» auch «Bär», wenn auch vom anderen Geschlecht, also «Bärin». In Indien sind die sieben Sterne als die Sieben Stiere und auch die Sieben Bären bekannt, darüber hinaus auch als die sieben Rishis oder Weisen. Die Symbolik des Stieres verbindet uns mit Taurus. Die Ägypter sahen diese Beziehung ebenfalls, und Ursa Major war für sie die Darstellung des Vorderbeines ihres heiligen Stieres, Apis (d.h. «Stier»), wenn es im Opferritual abgeschnitten wurde. Dies Vorderbein benutzte man dann symbolisch in der Zeremonie der «Öffnung des Mundes» des toten Pharaos, dessen Leib seinerseits als Verkörperung des Heiligen Stieres betrachtet wurde.

Die Arkadier oder Menschen der Bärenrasse werden als die Pfadfinder oder Führer der Menschheit betrachtet, die den Weg begleiten und erleuchten, genau wie die sieben Sterne des Kleinen Bären. Unter diesen ist der Polarstern und, zusammen mit den sieben Sternen des Grossen Bären, der den Polarstern finden hilft, wurden diese himmlischen Leuchten früher von den Menschen als vorzüglichste Navigationshelfer über Meer und Land benutzt.

Arkadien ist der «Schafspferch» (hebräisch: «Dohver») und

der Ort der Ruhe und Sicherheit (hebräisch: «Dohveh»), in welchem der Gute Hirte die treuen Schafe am Ende des Weltengerichtes versammeln wird, damit sie das goldene Zeitalter geniessen können.[20]

Arkas, der hellste und erste Stern des Kleinen Bären, bezeichnet den Beginn des goldenen Zeitabschnittes. Er stellt das Tor zum Schafspferch dar und ist gleichzeitig der Gute Hirte, der dieses Tor für seine Schafe öffnet. Jesus Christus, der Gute Hirte der christlichen Tradition, stand in dieser Hinsicht Arkas gleich.[21]

Alle ca. 26 000 Jahre, wenn der Stern Arkas zum Nordpolstern der Erde wird, dann öffnet der Gute Hirte die Tore weit und beginnt, seine Herde in den Zustand der Erleuchtung und des Friedens zu erheben, den man das «Goldene Zeitalter» nennt. Die Taube (der Kleine Bär) steht dann über dem Nordpol oder der Krone der Erde und versinnbildlicht die Erleuchtung.[22]

Was aber diese Dinge für uns so bedeutungsvoll und aufregend macht, ist die Tatsache, dass Arkas eben jetzt unser Polarstern ist, genau zu diesem Zeitpunkt der Weltgeschichte!

Das Goldene Zeitalter

Ein Goldenes Zeitalter ist eine Zeit der Harmonie und Schönheit, Tugend und Wahrheit in der Welt. Aber um dorthin zu gelangen, geht die Menschheit durch schwere Prüfungen, durch Reinigung und das Gericht, in welchem das Böse an die Oberfläche gebracht wird, wo man es erkennen und be - arbeiten kann, so dass eine alchemistische Verwandlung stattfindet. In Bezug auf den grossen Kreislauf der zwölf Zeitalter des Tierkreises, der auch «Phönixkreislauf» genannt wird, er -eignet sich die Öffnung des Tores zum «Schafspferch» ca. al le 26000 Jahre, jeweils am Anfang des Abschnittes, den man Wassermann-Zeitalter[23] nennt. Während dieses Zeitalters wird die Welt nach und nach emporgehoben und Grad um Grad in den Zustand der vollen Erleuchtung und des Friedens – eben ein «Goldenes Zeitalter» – gebracht. Ausserdem: wenn Eingeweihte in grosser Zahl eine Erhebung ihres Bewusstseins erfahren, erheben sie andere mit sich, so dass als Folge die ganze Menschheit und Natur einbezogen sind oder zumindest sein können. Das ist die Epoche der Weltgeschichte, in die wir gerade jetzt eintreten und für die wir im Augenblick durch die Feuer der Transmutation zu gehen haben, die die Schlacken hinwegbrennen und das reine Gold zum Vorschein bringen.

Jesus Christus hat in der Symbolik des letzten Abendmahles und der Vorbereitungen dazu auf diese Zeit hingewiesen: Zuerst sandte er Petrus und Johannes voraus, um einen Mann zu finden, der einen Krug mit Wasser trug und dem sie folgen sollten. Dieser Mann führte sie zu einem Haus, wo sie den Eigentümer fanden und die Stufen zum oberen Raum hinaufstiegen. Dort, in dem oberen Raum, bereiteten die beiden Jünger das Qadosh oder Bruderschaftsfest vor – das Fest der Heiligung am Vorabend des Passah-Festes, bei welchem das Pasch oder Opfertier, das «Lamm Gottes» geweiht wird. Als alles bereit war, kam Christus am Abend mit den anderen Jüngern. Sie setzten sich miteinander nieder zum Fest der Liebe, zum Fest der Erinnerung, in welchem der Heilige Gral sichtbar und miteinander geteilt wurde.

Das Qadosh oder das letzte Abendmahl repräsentiert jene wunderbare Kommunion mit der Göttlichen Liebe, die auf dem Höhepunkt der Einweihung erscheint, unmittelbar vor dem letzten Opfer, der vollkommenen Hingabe. Diese schliesst den Prozess der Einweihung ab und verwandelt den Eingeweihten in einen Meister – einen Phönix und Gralskönig. Dieser Zustand der Meisterschaft ist es, was «Goldenes

Zeitalter» eigentlich bedeutet: der «Meister» darin ist die Seele, die zum Goldenen Kind geworden ist – zum Christus oder Merkur.

Der Mann, der den Wasserkrug trägt, ist Aquarius, der Wasserträger. Der Obere Raum ist jener höhere Bewusstseinszustand, in den die Schüler des Christus, des Wortes oder Ausdrucks Göttlicher Liebe, während des Wassermann-Zeitalters Stufe um Stufe hinaufsteigen. Ein anderes Wort für den Wasserträger ist «Kelchträger» – der Kelch oder Krug ist der Heilige Gral.

Der Wassermann ist mit dem goldenen Zeitalter verbunden, weil Saturn dieses Zeichen regiert. Alter Weisheitstradition gemäss ist Saturn auch Pan und Pan ist der grosse Gott Arkadiens. Arkadien aber ist ein Synonym für «goldenes Zeitalter». Saturn ist der modernere römische Name für den griechischen Gott Kronos, den Herrn über Raum und Zeit. Der Zodiak ist der Runde Tisch, denn er ist der Archetyp des Gralskönigs. In der Kabbala bedeutet Saturn Kenntnis der Wahrheit, was Erleuchtung ist. Saturn ist auch bekannt als der Torhüter am Himmelstor und der Einweihungspriester der Mysterienkulte.

In welchem Zeitalter wir uns befinden, entnehmen wir der Beobachtung der Stellung der Sonne am Himmel bei ihrem Aufgang am Tag der Frühlings-Tagundnachtgleiche. Traditionsgemäss gibt das Tierkreiszeichen, in dem die Sonne zu dieser Zeit steht, dem Zeitalter seinen Namen.[24] Hiervon wird eine grosse Lehre abgeleitet. Es gibt jedoch noch eine tiefere Verständnisebene dafür, wenn man einen verborgeneren Massstab anwendet; nämlich die Linie oder Achse vom okkulten Nordpol (dem Zentrum der Ekliptik oder des Tierkreises), die durch den himmlischen Nordpol zum Tierkreis verläuft.

Der okkulte Nordpol befindet sich nahe dem Herzen von Drago, dem Drachen[25]. Der Drache windet sich um dieses unsichtbare Zentrum und schützt es. In Märchen und Mythen ist dies der wahre Mittelpunkt, das Zentrum, in dem der Schatz ruht. Für die Druiden war dieser Schatz symbolisch verborgen im Ei des Drachen. In den Gralslegenden ist er der Heilige Gral in seiner Form als strahlender goldener Kelch, der das Licht in sich trägt und nach aussen strahlt. Im griechischen Mythos ist er das Goldene Vlies, aufgehängt an dem Baum, der den Pol bedeutet.

Der himmlische Nordpol bewegt sich im Kreis um den okkulten Nordpol und braucht ungefähr 26 000 Jahre um einen Umlauf zu vollenden. Dies ergibt sich aus dem langsamen «Wackeln» der Erdachse (Präzession). Zu gewissen Zeiten kommt der himmlische Nordpol dann in die Nähe eines Sternes, der dann seine Stellung bezeichnet und deshalb «Nordpolstern» oder Polarstern (Stella Polaris) genannt wird. Im Augenblick befindet sich der himmlische Nordpol sehr nahe bei Arkas im Kleinen Bären. Daher ist Arkas für uns der Polarstern. Die Araber nennen diesen Stern «Al Ruccaba», was soviel heisst wie «Der Drehende» oder «Das Zentrum, um das sich etwas dreht». Damit beziehen sie sich auf die Tatsache, dass in der nördlichen Hemisphäre alle Konstellationen sich um diesen Stern zu drehen scheinen. Dieser Anschein beruht auf der täglichen Drehung der Erde um ihre eigene Achse, was den Anschein hervorruft, als drehten sich die Gestirne um den himmlischen Nordpol. Die alten Griechen nannten den Stern «Phoenix» (der Wunderschöne), was auch ihr Name für das ganze Tierkreizeichen des Kleinen Bären war.

Wenn die okkulte Achse genau durch den Stern Arkas läuft, was in wenigen Jahren der Fall sein wird, wenn nämlich dieser Stern den himmlischen Nordpol der Erde so genau markiert, wie es irgend möglich ist, wird diese Achse auch beginnen, Auriga, Taurus und den Orion zu berühren, ebenso wie die Hörner des Stieres, und sie wird dann durch den hellsten Stern des Orion, Beteigeuze, was bedeutet «das Kommen des Zweiges», verlaufen. Orion heisst «der Triumphierende» oder «das Hervortreten als Licht» und repräsentiert den Christus, der am Ende der Welt (d.h. eines Kreislaufs) als Richter wiederkehrt.

Zusammenfassend ist zu sagen: Das Tierkreiszeichen Stier bezeichnet das Alpha oder den Neubeginn, der gleichzeitig das Ende des früheren Kreislaufs ist. Im gegenwärtigen Zeitpunkt der Weltgeschichte sind wir an das Ende eines Zyklus' von 26 000 Jahren gekommen, der als Phönixzyklus bekannt ist und aus zwölf Zeitaltern entsprechend den zwölf Tierkreiszeichen besteht. Mit Taurus ist Auriga, das dreizehnte Zeichen, verbunden, welches den Zustand der Erleuchtung oder Meisterschaft symbolisiert, die am Ende des Kreislaufs erlangt werden kann. Dies ergibt sich auch aus der Bedeutung von Ursa Minor, dem Kleinen Bären, womit Auriga auch in Beziehung steht. Ursa Minor bedeutet nämlich nicht nur Arkadien, das Land der Rosenkreuzer, sondern auch den Schafspferch, in welchem die Eingeweihten in einem Zustand des Friedens und der Erleuchtung weilen, und wo der Hirte und Erlöser, der mit ihnen in Arkadien lebt, sie umsorgt und lehrt. Arkadien hat dieselbe Bedeutung wie die Arche des Noah und der Erlöser-Hirte ist diesem gleichgesetzt. Arkas,

Abb. 7: Christus in der Glorie, Erretter und Richter.

der hellste Stern im Kleinen Bären und unser jetziger Polarstern, stellt das Tor zum Schafspferch dar, das auch der Gute Hirte ist und von diesem am Ende des Kreislaufs geöffnet wird, damit seine Schafe eintreten und sich einer Zeit des Friedens und Erleuchtung erfreuen können.

Das Zeichen des Erlösers, der mit offenen Armen dasteht und uns in sein Herz einlädt, wäre ebenfalls ein gutes Bild für dieses arkadische Geheimnis. Desgleichen wäre es das Bild von Christus als Weltenrichter, denn Arkas ist sowohl der Erlöser und Hirte als auch der Krieger und Richter. Als Torhüter am arkadischen Schafspferch entscheidet Arkas, gleichbedeutend mit Saturn, dem Hüter des Himmelstors, wer hinein darf und wer nicht – und diese Zeit des Gerichtes ist jetzt.

V. Kapitel

Der Heilige Gral

Körper und Blut

Für viele Leute, die davon hören, ist «Gral» ein vieldeutiges Wort. Der Name bedeutet wörtlich «Gefäss» und Heiliger Gral bedeutet ein «heiliges Gefäss». Viele Bände sind über den Heiligen Gral geschrieben und viele Weisen gesungen worden, und Tausende ernsthafter Sucher haben danach geforscht. Die berühmten Gralsromane des 13. bis 15. Jahrhunderts wurden darüber komponiert, und viele Bruderschaften und Gemeinschaften einschliesslich der Katharer, Tempelritter und Rosenkreuzer wurden als Hüter des Grals bezeichnet.

In der Artus-Legende ist der Heilige Gral das, was die Ritter der Tafelrunde suchen und was einige auch finden, wodurch sie dann würdig werden, Gralskönige zu sein. Die Gralskönige, deren Archetyp Artus ist, sind die legitimen Wächter dieses Grals. Sie werden auch «Söhne des Grals» genannt. In der frühen keltischen Tradition, aus der sich dann später die Artus-Legenden entwickelt haben, wird der Gral mit einem Gefäss in Verbindung gebracht, zum Beispiel einem Kessel, einem Trinkhorn oder einem Füllhorn der Inspi -ration und Fruchtbarkeit, das der Grossen Göttin gehört, und sich in einem «sich drehenden Schloss» innerhalb des Gralskönigsreiches befindet. Der Gral wird auch mit dem orakel - gebenden Haupt des Grossen Gottes Bran gleichgesetzt, das grosse Weisheit enthielt und aussprach.

In der christlichen Tradition wird der Heilige Gral (San Graal) für den Kelch gehalten, der beim letzten Abendmahl benutzt wurde; oder für das Blut Jesu (Sang Real, königliches Blut), das Joseph von Arimathäa in einem Kelch auffing; oder für die Jungfrau Maria, die Mutter Jesu. Der Gral soll denen, die dessen würdig sind, endlose Gaben von Nahrung und Wein bescheren. Auch sagt man von ihm, dass er gesegnetes Wissen oder heilige Tradition enthalte, d.h. ein Gefäss der ewigen Weisheit sei.

Auch die geweihte Hostie (Brot) und der Kelch mit Wein, die in der Messe oder Heiligen Kommunion gebraucht werden und den Leib und das Blut Jesu bedeuten, stellen den Heiligen Gral dar – der Körper ist dem Kelch gleichzusetzen und das Blut dem Wein. Im Wein oder Blut ist der Geist.

In den älteren, keltischen Traditionen bedeutet der Kessel oder Gral der Grossen Göttin das Universum, das alle Dinge enthält und in dem die Sonne und die anderen Sterne geboren werden. Die Sonne wird dann ebenfalls als ein Heiliger Gral betrachtet, der seinerseits das Licht in sich trägt und ausstrahlt, um allen Dingen das Leben zu geben. Diese dreifache Sequenz von Universum-Sonne-Licht, die ihrer Natur nach physisch ist, wird dann als Symbol für die dreifache Sequenz von Körper (das Universum), Seele (die Sonne) und Geist (das Licht) betrachtet. Die christliche Tradition übernimmt vieles aus diesen älteren Vorstellungen und entwickelt sie weiter. So wird die Hostie für die heilige Kommunion in der Kreisform der Sonne mit einem aufgeprägten Kreuz (also ein Kreuz im Kreis) zum Symbol des Lichtes. Dann wird die Hostie in den Kelch gelegt oder getaucht, der Wasser gemischt mit Wein enthält.

Daraus ergibt sich mit anderen Worten, dass der Gral sowohl das Gefäss ist als auch das, was es enthält. Er ist der Kelch oder Körper und gleichzeitig der Wein oder das Blut. Der Körper ist der Träger des Blutes, und das Blut ist Träger des Atems oder Sauerstoffs, den wir zum Leben brauchen. Dies ist ein dreifaches Symbol auf der physischen Ebene, das uns die tieferen Wahrheiten dreier Existenzebenen enthüllt. Aus einem universelleren Blickwinkel betrachtet, ist der Körper die materielle Form eines Menschen, während das Blut seine Seele symbolisiert und der Atem den Heiligen Geist ausdrückt. Somit steht die dreifache Gralssymbolik von Kelch, Wein und dem «Geist» des Weines für Körper, Seele und Geist, die das menschliche Wesen ausmachen. Die Heiligkeit bezieht sich auf die äusserste Reinheit und Vollkommenheit jeder Form und jedes Gefässes bezüglich seiner Fähigkeit, die Wahrheit zu enthalten und zum Ausdruck zu bringen, die ihrerseits als das Licht der Liebe erkannt wird.

Der Heilige Gral ist ausserdem mit der jungfräulichen Mutter des Lichtkindes gleichzusetzen, die dieses Kind bis zur Geburt in ihrem Schoss trägt. Das ist ein Gleichnis der reinen Seele, die mit dem Christus-Licht, dem Licht der Liebe, schwanger ist. Der Gemahl der Jungfrau, der der Vater des Kindes ist, wird Gralskönig genannt, und als solcher beschützt er den Heiligen Gral, der seine Gattin und Königin ist. Allegorisch betrachtet, ist dieser Vater das Symbol des Geistes, der den Samen des Lichtes durch Inspiration in die Seele einpflanzt. Später wird der Sohn der jungfräulichen Mutter Gralskönig als Nachfolger des Vaters, während die Tochter oder die Frau des Sohnes zum Heiligen Gral wird. Hier kommt der Gedanke von Zeitzyklen ins Spiel, innerhalb derer sich das archetypische Muster stets wiederholt, indem jeder Kreislauf den nächsten gebiert. Jeder neue Zyklus besitzt jedoch erweitertes Bewusstsein und grösseres Wissen der Wahrheit, die sich inmitten neuer Lebensumstände entwickeln.

Eine noch besser bewahrte Gralstradition, die sich mit Wissen auf einer mehr genetischen und physischen Ebene beschäftigt, besagt, dass nicht nur die historische Jungfrau Maria, Mutter des Jesus von Nazareth, als Heiliger Gral bekannt war, sondern ebenfalls Maria Magdalena, die im Verborgenen mit Jesus verheiratet war.[26] Darüber hinaus wurden auch die Kinder und Abkömmlinge von Maria Magdalena und Jesus mit dem Heiligen Gral in Verbindung gebracht, ebenso wie das Blut, das in ihnen floss. Das trifft auch für die übrigen Mitglieder der Familie Jesu zu. Zum Beispiel stellte Joseph von Arimathäa, der Onkel der Jungfrau Maria und Grossonkel Jesu, den Kelch für das letzte Abendmahl zur Verfügung, der als der Heilige Gral betrachtet wird. Es wird weiterhin berichtet, dass Joseph auch später für diesen Kelch Sorge trug, ihn zur Kreuzigung mitbrachte, das Blut Jesu darin auffing und es mit sich nach Glastonbury in England nahm, wo er sich mit elf anderen Gefährten für den Rest seines Lebens niederliess. Johannes der Lieblingsjünger, ein Vetter Jesu, wird ebenfalls in direkte Beziehung zum Gral gebracht, indem er in der christlichen Ikonografie mit dem Gralskelch in seinen Händen dargestellt wird.

Mit anderen Worten stellt die physische Blutslinie der biblischen Heiligen Familie einen Heiligen Gral dar. Es gibt also eine Gralsfamilie, deren jedes Mitglied die Möglichkeit besitzt, Gralskönig oder -königin in der Nachfolge oder sogar gleichzeitig an verschiedenen Orten zu werden. Das kann allerdings nur solange richtig sein, wie die Blutlinie in spiritueller und moralischer Hinsicht oder aber auf dem Einweihungsweg rein gehalten wird. Für die Nachfolge in einer physischen Abkömmlingslinie ist die Tür zum Missbrauch weit geöffnet, wie man sich leicht vorstellen kann. Und das ist möglicherweise einer der Gründe, warum die Linie der Heiligen Familie von Jesus bewusst geheimgehalten wurde. Das Kind eines Eingeweihten ist nicht notwendigerweise selbst ein Eingeweihter, was auch umgekehrt gilt: Die Eltern eines Eingeweihten müssen nicht selbst auch diesen Stand erreicht haben, obwohl das hilfreich sein könnte.

Auf der Seelenebene ist das anders, und in der Gralstradition dient die Assoziation des Blutes nur als Symbol für die Seele. Hier gibt es eine wirklich heilige Abstammungslinie oder Heilige Familie von hochentwickelten Seelen und Meistern, die sich immer wieder auf der Erde verkörpern, um der Menschheit und der ganzen Welt weiterzuhelfen. Diese Seelenfamilie heisst in der jüdisch-christlichen Tradition «Orden des Melchisedek»[27]. Melchisedek, der Priesterkönig von Salem[28], wird in der christlichen Ikonografie mit dem Gralskelch in den Händen dargestellt, den er (an Abraham)

Abb. 8: Melchisedek, der Gralskönig.

weitergibt, und man sieht in ihm den Vorläufer oder Prototyp des Christus.

Vor Melchisedek war jedoch Enoch, und man könnte diese Heilige Familie auch die Familie des Enoch nennen oder des Elia oder des Johannes – was in der Tat auch geschehen ist. Johannes der Täufer, der selbst ein Vorläufer des Christus ist, wird für eine neue Inkarnation des Elias gehalten, der seinerseits als Wiedergeburt des Enoch angesehen wird. Dieser erreichte als erster unserer Menschheit den Zustand des Christus. Es gibt aber tatsächlich eine ganze «Ebene» oder Seelenfamilie von JOHANNES. Auch Johannes, der Lieblingsjünger, gehört dazu. Aus diesem Grunde sind die beiden Heiligen Johannes Schutzpatrone esoterischer Gemeinschaften, wie der Freimaurer, der Rosenkreuzer und Tempelritter, die alle in früherer Zeit als Mitglieder der Bruderschaft des Heiligen Johannes bekannt waren. Die beiden Johannes gelten auch als Symbole der beiden grossen Säulen in Salomo's Tempel und im kabbalistischen Lebensbaum, wie auch der Pole des Jahres (Mittsommer und Mittwinter) und der beiden Taufen, nämlich der einen durch Wasser und der anderen durch den feurigen Atem. Wer immer das Herz des Gralstempels betreten und ein Christus werden möchte, muss zwischen diesen beiden Säulen hindurchgehen und diese beiden Taufen empfangen.

In diesem Zusammenhang ist es auch gut, sich daran zu erinnern, dass Jesus kurz vor seinem Tod Johannes seine Mutter anvertraute und ihn gleichzeitig zum «Sohn» der Jungfrau Maria machte.[29] Das besagt, dass Jesus seinen geliebten Jünger zum Gralskönig erhob, zu seinem eigenen Nachfolger als «Sohn» und Hüter des Heiligen Grals. Bevor

Jesus dieses Amt innehatte, nahm Johannes der Täufer es wahr, der von den Juden für den Messias (d. h. den Gralskönig) gehalten wurde. Johannes der Täufer jedoch wies diesen Titel zurück und gab ihn an Jesus weiter, als er bei der Taufe Jesu im Jordan seinen Jüngern erklärte, dass Jesus der grössere Meister sei. [30]

Der Name Johannes, der auch die Formen John, Jonah und Iona annimmt, ist aus den heiligen Vokalen IOA abgeleitet, die mit dem Heiligen Geist zusammenhängen und als Taube symbolisch dargestellt werden. Nachdem die Jungfrau Maria (Mary/Maja/Europa) ebenfalls durch die Taube symbolisiert wird, zeigt das als sicher an, dass Maria und Johannes sowohl historisch als auch allegorisch eng verbunden waren. Die Rose ist ebenfalls ein Emblem, sowohl für den Heiligen Johannes als auch die Jungfrau Maria, dessen Bedeutung wir später noch genauer betrachten werden.

Die Phoenix-Flamme

Die Gralsromane des 13. bis 15. Jahrhunderts beschreiben den Heiligen Gral als einen goldenen, juwelenbesetzten Kelch [31], oder auch als eine wechselnde Folge von fünf symbolischen Gegenständen oder Erscheinungsweisen des Erlösers [32] oder als ein magisches Füllhorn oder einen äusserst wertvollen Stein (Lapsit exillis), der die Macht besitzt, den Phönix zu Asche zu verbrennen und dann aus seinem Scheiterhaufen als Feuervogel in einem herrlich strahlenden Lichtkörper neu erstehen zu lassen. [33]

Über den Kelch haben wir schon gesprochen. Gold ist ein altes Symbol für Licht; als solches wird es benutzt, um sowohl den Lichtkörper zu bezeichnen als auch das erleuchtete Bewusstsein der Seele, das wie eine goldene Sonne glänzt. Die Juwelen beziehen sich auf die verschiedenen Gaben des Geistes, die entwickelt wurden und in guten und wahrhaftigen

Handlungen die Schönheit der Seele hervorbrachten. Sie sind gleichzusetzen mit den Juwelen, die das Neue Jerusalem schmücken, von dem der Heilige Johannes in seiner geheimen Offenbarung spricht. Dort wird diese Stadt ebenfalls als aus purem Gold bestehend geschildert.[34]

Die Verwandlung des Grals in fünf symbolische Gegenstände, bekannt als die Grals-Heiligtümer, bezieht sich auf den Einweihungsprozess und seine aufeinanderfolgenden Stufen. Die Grals-Heiligtümer sind ein Stein, ein Schwert, ein Speer, ein Schild (oder Teller) und ein Kelch. Wer Gralskönig werden will, muss sie in dieser Reihenfolge suchen, in Besitz nehmen und gebrauchen. Die Geschichte von König Artus ist eine archetypische Beschreibung dieses Einweihungsweges, auf welchem Artus nacheinander jeden dieser Gegenstände erlangen muss. Er beginnt mit dem Stein, muss dann das Schwert aus dem Stein ziehen, danach die Schicksalsgöttinnen besuchen, den silbernen Schild des Thor erobern und schliesslich in die Unterwelt hinabsteigen, um den Gralskelch zu gewinnen. Von dort steigt er triumphierend als Gralskönig, Hüter des Heiligen Gral, wieder ans Licht empor. Die Anstrengung, die nötig ist, um jeden der Gegenstände zu erringen, wird als Aufgabe beschrieben. In der christlichen Version der Geschichte steht für den Schild eine flache Schüssel, auf welcher das Haupt Johannes' des Täufers ruht.

Beide Versionen bedeuten dasselbe und benutzen diese Gegenstände, um die Einweihungsstationen zu bezeichnen: Vorbereitung (Stein), Lernen zu lieben (Schwert), Lernen zu verstehen (Speer), Lernen zu dienen (Schild), führen zum Höhepunkt der Erleuchtung (Kelch). Der Gedanke, dass sich der Gral nacheinander von einem Gegenstand in den nächsten verwandelt, soll die Reihenfolge der Einweihungsstufen symbolisieren, bei der sich auch ein Zustand in den nächsten verwandelt. Die sich verwandelnde Substanz ist in Wirklichkeit der Mensch, der diese Einweihung durchlebt. Aus diesem Grunde beschreibt die Version des 12. Jahrhun-

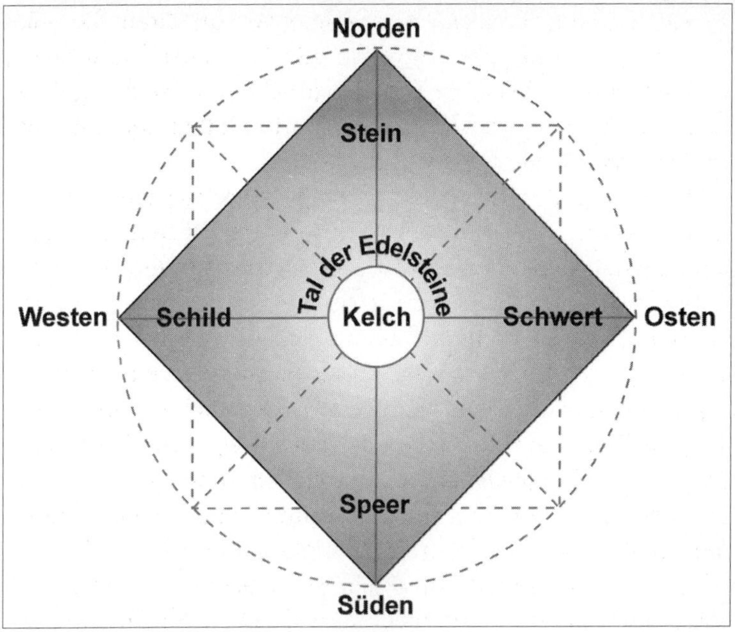

Abb. 9: Merlins Insel.

derts von Perlesvaus dies als die verschiedenen Erscheinungsformen des Erlösers. Die Symbole, die in einem Set von Tarotkarten aufeinander folgen, bezeichnen dieselben Heiligtümer (das sind Scheiben, Schwerter, Stäbe und Kelche). Dabei steht die Scheibe für den Stein, der Kelch für den Schild, und die Quintessenz wird durch die grossen Arkana dargestellt.

Die Insel Merlin's, die als grüner Diamant oder Kristall-Insel beschrieben wird, zeigt, wie diese Heiligtümer mit den Himmelsrichtungen und dadurch mit dem Lebensrad in Beziehung stehen. Der Stein, der auch als Stein des Schicksals bekannt ist, hat seinen Platz im Norden, das Schwert im Osten, der Speer im Süden und der Schild im Westen. Der Kelch befindet sich direkt in der Mitte, in der Juwelenschlucht im Herzen der Insel – einem Herzzentrum, das auch als Rubin beschrieben wird, der alle anderen Juwelen in sich enthält.

Die Gegenstände und ihre Verwandlungen haben auch eine Entsprechung zu den alchemistischen Elementen, die sich im Kreis von der Erde (Stein) im Norden, zum Wasser (Schwert) im Osten, zur Luft (Speer) im Süden und zum Feuer (Schild) im Westen bewegen. Ihre fünfte Verwandlung, die sich im Zentrum vollzieht, ist in Wirklichkeit eine Transmutation in die Quintessenz, den Lichtäther, dargestellt durch den Kelch. Diese alchemistische Sequenz spiegelt sich in der brennenden Kerze, in welcher das harte Wachs schmilzt, in gasförmigen Zustand übergeht und schliesslich Feuer fängt, während dann die Flamme Licht ausstrahlt. (Oft wird auch eine andere Beziehung der Elemente zu den vier Himmelsrichtungen benutzt, die eine andere Interpretationsebene für einen unterschiedlichen Zweck beschreibt. Darin wird Norden mit Erde, Osten mit Luft, Süden mit Feuer und Westen mit Wasser assoziiert. Es ist jedoch wichtig, die beiden Ebenen nicht zu verwechseln.)

Dieselbe Sequenz findet sich in den Symbolen, die mit dem Tierkreiszeichen Skorpion zusammenhängen, demjenigen Zeichen, das im Zodiak dem Stier gegenüberliegt. Die Symbole dieser Konstellation sind der Skorpion, die Wasserschlange, der Adler und die Taube. Der Skorpion ist ein Geschöpf der Erde, das unter Felsen sein Versteck sucht. Die bevorzugte Umgebung der Wasserschlange ist natürlich das Wasser. Der Adler ist berühmt dafür, dass er sich hoch in die Lüfte erhebt und ungewöhnlich scharf sieht. Die Symbolik der Taube verbindet sich demgegenüber mit dem Phönix, der sich selbst in den Flammen des Scheiterhaufens opfert, um dann, aus dem Feuer geboren, wieder aufzuerstehen.

In den keltischen Einweihungsgeschichten um Ceridwen und ihren Kessel der Eingebung, verwandelt sich die Göttin zuerst in einen Jagdhund, dann in einen Otter, dann in einen Falken und schliesslich in eine Henne, während sie Gwion Bach durch die Elemente jagt. Sie ist der einweihende Priester, er ist der Eingeweihte. Er nimmt zunächst die Form eines Hasen (Erde) an, dann verwandelt er sich in einen Fisch (Wasser), dann in einen Vogel (Luft) und schliesslich in ein Weizenkorn (Feuer), das von der Henne verschluckt wird.

Ein anderer Name der Göttin Ceridwen ist Guinevere (keltisch: Gwen-Weüre) und bedeutet «weisser Drache». Auch in der Symbolik des Drachens sind diese gleichen Entwicklungsstufen präsent, wenn auch auf eine andere Art und Weise. So lebt der Drache zum Beispiel in einer Höhle, und seine Beine erlauben es ihm, auf der Erde zu gehen. Er ist aber mit Schuppen bedeckt wie ein Fisch oder eine Schlange und schwimmt auch im Wasser. Seine Flügel ermöglichen ihm, durch die Luft zu fliegen wie ein Vogel. Am auffälligsten und berühmtesten jedoch ist sein feuriger Atem, der die Dinge zu flammenden Leuchten entzünden kann.

Das Füllhorn ist ebenfalls eine Version des Grals: Es ist ein Horn, das von Früchten und Speisen überfliesst. Der Edelstein, Lapsit exillis, ist ein alchemistisches Symbol, das den Endzustand der Transformation der mineralischen Welt darstellt. Darin bedeutet der Stein das Herz, und ein weisser Stein meint ein reines Herz. Dies muss durch das Feuer der Liebe entzündet werden. Daher ist der Lapis exillis ein feuriger oder entflammter Stein.

Das Geheimnis ruht in der Fähigkeit, zur Flamme zu werden und Licht auszustrahlen. Die Flamme ist in der Tat noch ein weiteres Symbol für den Heiligen Gral, und nicht zufällig werden grosse Seelen und Avatare der Welt von flammengleichen Aureolen umgeben dargestellt. Die Flamme ist eine Lichtform. Sie ist ein Gefäss aus Licht: Daher ist sie ein Heiliger Gral. Wer zu dieser Flamme wird, um seine niedere Natur im Feuer hinzugeben, um sich dadurch in einen glorreichen Lichtkörper zu kleiden (d.h. zu transmutieren, aufzuerstehen), ist ein Phönix. Daher ist «Phönix» ein Titel für den Gralskönig.

Die Flamme selbst, die häufig die Form einer tanzenden

Knospe hat, war einst unter dem Namen Rose bekannt. Aus diesem und anderen Gründen ist die Rose ein Symbol für den Heiligen Gral. Gralskönige sind deshalb auch als Meister der Rose bekannt – wie z. B. Jesus, der als «Rose von Sharon» bezeichnet wird – und Rosenkreuzer sind den Phöniziern gleichgesetzt.

VI. KAPITEL

Die Gralsfamilie

Die mythologische Gralsfamilie

Zwei der am besten bekannten Namen für den Gralskönig und seine Königin sind Artus und Guinevere. Sie sind jedoch lediglich Teil einer Hierarchie von Göttern und Göttinnen, Helden und Heldinnen, die den keltischen Gälen und Bretonen bekannt waren. Sie bilden die Gralsfamilie, deren Mitglieder auch als der Stamm von Dôn oder Dana bekannt sind.

Dôn (britisch) oder Dana (irisch/gaelisch) ist die universelle Göttin, die der ganzen Schöpfung Leben und Form gibt. Bel (oder Bilé) ist ihr Gemahl, der Herr über Leben und Tod. Sie entsprechen in der griechischen Mythologie den Titaneneltern Kronos und Rhea. In der irischen Mythologie heissen Dana's Kinder Tuatha de Danaan («der Stamm der Dana»), deren Gegenpart in der griechischen Mythologie die olympi schen Götter und Göttinnen und ihre Abkömmlinge sind. Ihre drei berühmtesten Söhne sind in der irischen Mythologie Nuada, Lêr und der Dagda, die im britischen Mythos mit Lludd, Llyr und Pwyll sowie im griechischen Mythos mit Zeus, Poseidon und Hades gleichzusetzen sind. Alle drei zusammen sind als Ecne («Wissen/Poesie») bekannt. Deshalb gibt man Tuatha de Danaan manchmal die Bedeutung von «Der Stamm des Gottes, dessen Mutter Dana ist» und bezieht sich damit auf den dreieinigen Ecne und seine Nachkommen.

Diese drei, Nuada/LLudd, Lêr/LLyr und Dagda/Pwyll, sind die «Väter» oder «Häupter» von drei verschiedenen Familien, die Archetypen auf drei Existenzebenen ausdrücken. Diese drei Ebenen haben eine Beziehung zu Geist,

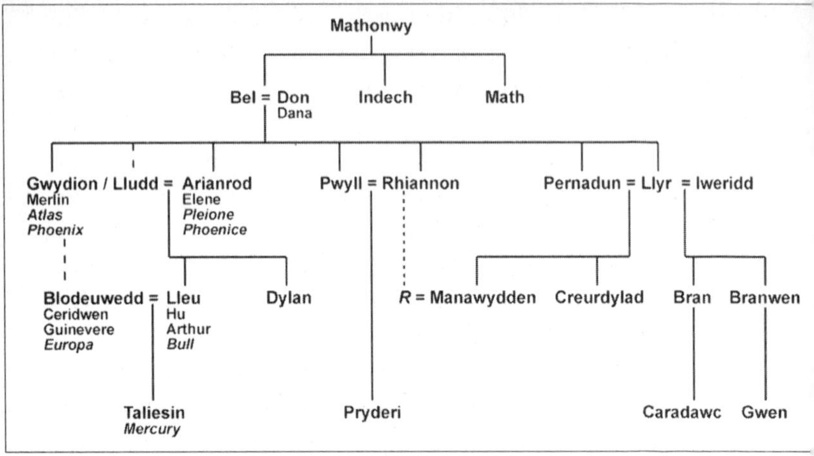

Abb. 10: Die Kinder von Dôn.

Seele und Körper, aber entsprechen eigentlich den drei Ebenen der Psyche:

1. der luftigen, kreativen Ebene der Psyche, die die Griechen Himmel nannten;
2. der wässrigen Astralebene der Psyche, die dem griechischen Begriff der Welt entspricht, und
3. der irdischen Astralebene der Psyche, die bei den Griechen Unterwelt hiess.

Letztere ist eng verbunden mit dem physischen Lebensbereich und manchmal auch mit diesem gleichgesetzt. Mit anderen Worten bezeichnet der Stamm von Dôn/Dana geistige Archetypen und Gesetze der menschlichen Psyche, die zusammen mit dem physischen Körper die natürliche Welt bildet. Sie ist das Reich des sterblichen und sich stets verändernden «Körpers» oder Tempels der spirituellen Seele oder des Geistes.

Die Kelten sprachen vom sterblichen, natürlichen Reich als Abred. Das ist die Seinsebene, auf der sich ständig das Ringen zwischen Gut und Böse vollzieht: Daher befindet sich der Stamm der Dôn in fortgesetztem Kampf gegen die Fomorianer, ein groteskes Unterwasservolk, das aus dem Annwyn («Abgrund», griechisch Chaos) auftaucht und von den mächtigen, zerstörerischen Kräften des Bösen besessen ist. Obgleich sich die Mythen kriegerischer Bilder bedienen, bedeutet der sogenannte Kampf in Wirklichkeit einen alchemistischen Prozess, durch den rohe, unentwickelte Gedankenformen, die hier Fomorianer genannt werden, schrittweise durch einen Todes- und Wiedergeburtsprozess in kreativere, intelligentere und schönere Lebensformen transmutiert werden. Die «Waffen», die der Stamm von Dôn benutzt, sind Gaben des Geistes, die von der Psyche angewendet werden. Sie sind Lichtwaffen – Liebe, Intelligenz, Güte und Willenskraft. Sie entsprechen der «Rüstung des Lichtes»[35]. In genauer Wiedergabe dessen, was menschliche Wesen erfahren, gewinnen die Stammesangehörigen von Dôn nicht jede einzelne Schlacht, aber sie halten durch und gewinnen am Ende den Krieg.

Die höheren Existenzebenen – Seele und Geist – heissen bei den Kelten Gwynfyd und Geugant. Gwynfyd ist der Seelenraum ewiger Harmonie, Schönheit, Freude und Kenntnis der Wahrheit (d. h. Erleuchtung), in dem das Gute über das Böse triumphiert hat und das Leben über den Tod siegreich bleibt. Die Göttin Dôn und ihr Gemahl Bel, die Kronos und Rhea im griechischen Mythos gleichstehen, bezeichnen diese Seelenebene – die Ebene der Titanen im griechischen Mythos. Geugant, die höchste Ebene, ist die hohe Welt des Geistes – ein Bereich unendlichen Lebens und Lichtes. Während im griechischen Mythos Uranus und Gaja diesen Bereich personifizieren, stehen in der keltischen Sage der druidische Name für Gott, als Ausdrucksform des Wortes Gottes, zusammen mit Manred (reiner Materie) für dieses Reich des Allerhöchsten. Die Aussprache dieses Namens bleibt ein Geheimnis der mündlichen Überlieferung, ist jedoch im Klang der Vokale IOA zusammengefasst. IOA kommt in den sogenannten «Drei Strahlen» und dem Symbol der Taube zum Ausdruck.

Dieses IOA ist dasselbe, von welchem auch der Name und die Bedeutung von Johannes abgeleitet ist.

Wenn wir zu den drei «Vätern» des Stammes von Dôn zurückkehren, so ist der Älteste, Lludd (Nuada), der eine silberne Hand besitzt, das Äquivalent von Zeus und als der erste oder höchste König und Führer des Stammes von Dôn bekannt.[36] Er besitzt ein magisches, unbesiegbares Schwert, das eines der besonderen Schätze des Stammes von Dôn darstellt. Diese Schätze sind in der irischen Mythologie fünf an der Zahl, während in der britischen Mythologie dreizehn davon genannt werden, und sie sind die Quelle der Grals-Heiligtümer (d. h. der heilig gehaltenen Gegenstände), die König Artus nacheinander finden, erwerben und benutzen muss. Der letzte dieser Gegenstände ist, wie wir sahen, der Heilige Gral, um dessentwillen er in die Unterwelt hinabzusteigen hat. In all diesen Mythen bedeuten die Schätze bestimmte Kräfte, Eigenschaften und Fähigkeiten, sowie auch das Wissen, das der Eingeweihte durch ihren Gebrauch erwerben kann. Die fünf irischen Besonderen Schätze, die mit den fünf Grals-Heiligtümern übereinstimmen und die sich auch unter den dreizehn Schätzen der Bretonen in manchen Versionen des Mythos wiederfinden, hängen mit spezifischen Stufen auf dem Einweihungsweg zusammen.[37]

Lludd heisst nicht nur höchster König und Führer des Stammes von Dôn, sondern auch höchster König und Gott von Britannien – obwohl eine daneben bestehende Tradition den «Giganten» Albion, was ein anderer Name für Bel ist (das ist der Titan Kronos), Lludd's Vater, als höchsten Gott ansieht. Als Nuada ist er in der irischen Tradition ebenso als höchster Gott (und Druide) von Irland bekannt. Lludd ist berühmt für seine Kämpfe mit den Fomoriern und den dunklen Kräften des Bösen und für den Sieg über die drei übernatürlichen Plagen, die durch Verhexung über Britannien gekommen waren. Die Stadt London hat ihren Namen von Lludd, und die St. Paul's Kathedrale nimmt die Spitze von

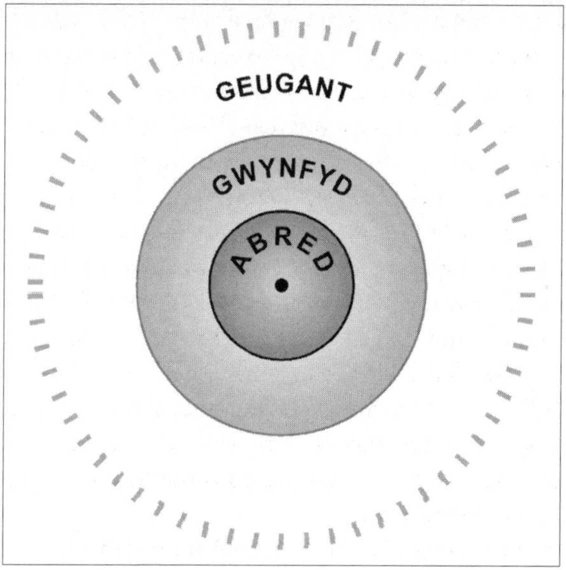

Abb. 11: Die drei Welten der Kelten.

Ludgate Hill ein. Er hat eine Gattin und mehrere wichtige Kinder, auf die wir später noch zurückkommen.

Pwyll («Vernunft»), der dem irischen Dagda («der gute Gott») gleichsteht und durch den Kranich symbolisiert wird, ist der keltische Hades, der Gott der Unterwelt. Er ist auch der ursprüngliche Gralskönig, bekannt als der Fischerkönig. Er erwarb den Titel Herr oder Haupt von Annwyn dadurch, dass er Arawn, dem Gott von Annwyn, half, dessen Feind Hafgan zu besiegen. Die Bedeutung dieser Geschichte liegt darin, dass Arawn und Hafgan Personifizierungen der Urkräfte von Leben und Tod oder Gut und Böse sind: Der erstere ist Ausdruck einer Energie, die zum Leben und Licht führt, während der letztere eine Energie in Richtung auf Zerstörung und Nichtsein ausdrückt. Die diesen beiden Urkräften zugrunde liegenden Prinzipien sind bekannt als Gott und Cythrawl. Gott ist realisiert in Geugant (unendliches Licht und Leben), und Cythrawl ist realisiert in Annwyn (Chaos oder Nichtsein). Diese beiden Kräfte und Prinzipien existieren gleichzeitig: Wie nämlich die Druiden lehrten, gibt es zu jeder Kraft eine gleich starke entgegengesetzte Kraft. Da jedoch der Wille des Absoluten darauf gerichtet ist, sich selbst zu manifestieren, wird dann die Kraft des Gottes oder Guten Vorherrschaft gewinnen.

Im irischen Mythos ist Dagda (das ist Pwyll) bekannt als der «Herr des grossen Wissens». Er wird als ein Wesen aus reinem «Feuer» beschrieben und soll eine Harfe besitzen, die aus lebendigem Eichenholz hergestellt ist und mit der er die Jahreszeiten hervorruft. Ausserdem besitzt er eine gigantische, achtzinkige Kriegskeule, die seine Feinde sowohl erschlagen als auch ins Leben zurückrufen kann. Schliesslich ist er Besitzer und Hüter eines grossen Kessels des Wissens und der Fülle, der «der nie Trockene» genannt, was bedeutet, dass er niemals leer wird, und von dem niemand je hungrig wieder fortgeht. Dieser Kessel ist der grösste der kostbaren Schätze des Stammes von Dôn und das Original des Heiligen Gral.

Pwyll heiratete Rhiannon, seine Schwester, und hatte mit ihr einen Sohn namens Pryderi («Fürsorge»). Auf diese Weise wurde Pwyll das Haupt einer ganzen Linie von Gralskönigen, deren Pryderi einer war. Der Mythos sagt, dass Pwyll verschwand und totgeglaubt wurde, woraufhin seine Witwe Manawydden, ihren Neffen, heiratete, der dann einige Attribute von Pwyll übernahm. Dazu gehörte auch, dass er der Hüter jenes Kessels und insofern der Gralskönig wurde. Pryderi geniesst die Freundschaft, den Schutz und die Fürsorge des Manawydden wie ein eigener Sohn. Sie bestehen viele Abenteuer zusammen. Pryderi heiratet Cigfa und wird dann selbst Gralskönig. Es wird auch beschrieben, dass er und Manawydden gemeinsam Herrscher von Annwyn und Hüter des magischen Kessels sind.

Der dritte grosse Gott der Dreifaltigkeit des Ecne ist Llyr (Lêr). Sein Name bedeutet «Meer», und er hat die Stellung von Poseidon im griechischen Mythos. Shakespeare benutzte seinen Namen und einiges aus seiner Legende in seinem Drama «König Lear». Llyr hat zwei Gattinnen, Pernadun (seine Schwester, eine Tochter von Dôn) und Iweridd, die ihm mehrere Kinder schenken. Pernadun entspricht der griechischen Göttin Demeter. Manawydden (irisch: Manannan), «der Weise» ist wahrscheinlich Llyr's bedeutendster Sohn, der von Pernadun geboren und mit Rhiannon, einer weiteren Tochter der Dôn, verheiratet war. (Im irischen Mythos heisst Rhiannon Fand, was «die sehr kostbare Perle» bedeutet.) Entsprechend ist Creurdylad, Schwester des Manawydden, vermutlich Llyr's bedeutendste Tochter. Im griechischen Mythos entspricht sie der Persephone. Ein weiterer Sohn und eine Tochter, Bran und Branwen, Kinder von Iweridd, sind jedoch für diese Geschichte des Heiligen Grals und des Gralskönigreiches ebenfalls wichtig.

Manawydden ist ein grosser Magier und Beschützer der Gesegneten Inseln. Er ist ein Verwandlungskünstler und besonderer Patron der Seefahrer. Er besitzt zwei grosse Speere, einen gelben und einen roten, sowie drei magische Schwerter, ein Schiff, das überall hinfährt, wo sein Besitzer es wünscht, und ein Pferd, das geschwinder als der Wind sich gleich schnell auf dem Land wie auf dem Wasser fortbewegen kann. Mit seiner Zauberrüstung und seinem Helm, der mit zwei Juwelen geschmückt ist, die so hell wie die Sonne strahlen, ist er unverwundbar. Er verschafft den Göttern jenen Mantel, der sie unsichtbar macht, wann immer sie wollen, und gibt ihnen die magischen Schweine zu essen, die Opfertiere, die sich stets selbst erneuern, so dass die Götter niemals altern können. Seine besondere Insel ist die Isle of Man («Insel des Menschen»), die nach ihm benannt ist und das geografische und magische Zentrum der «Gesegneten Inseln» von Europa (d.h. Schottland, Irland und Britannien) bildet.

Bran ist in der britischen Tradition als «der grosse Gott Bran» bekannt. Er besitzt einen Kessel der Wiederbelebung, welchen er den Iren schenkt, als der irische König Matholwch seine Schwester Branwen heiratet. Später muss Bran seine Schwester aber retten, da sie von ihrem Gatten misshandelt wird. Zu diesem Zweck versammelt er eine Armee von britischen Kriegern, überquert das Meer Richtung Irland und besiegt den irischen König. Die Iren bieten daraufhin an, Matholwch abzusetzen und ihn durch Gwern, den Sohn von Branwen, zu ersetzen. Leider ereignet es sich während der Feierlichkeiten, die den Waffenstillstand bejubeln sollen, dass Bran's Bruder Efnisien («Feindseligkeit») den Gwern ins Feuer wirft, woraufhin die Feindseligkeiten wieder aufflammen. Obwohl die toten Iren in dem Kessel wiederbelebt werden, heisst es, dass am Ende keine der beiden Seiten siegt. Branwen jedoch stirbt an gebrochenem Herzen über den Tod ihres Sohnes, und Bran wird während der letzten Schlacht an der Ferse tödlich verwundet.

Bevor er stirbt, gibt Bran Anweisungen, dass sieben britische Überlebende sein Haupt abschlagen und es in einer zeremoniellen Prozession von Anglesey nach London tragen sollen, um es dort zu beerdigen. Über dem abgeschlagenen Haupt wird ein Hügel aufgeschichtet, den man den Weissen Hügel nennt. Die Normannen bauen später den Tower von London auf diesen Hügel und nennen ihn den «Weissen Turm». Da Bran's Symbol der Rabe ist, werden seit dieser Zeit im Tower von London Raben gehalten als Erinnerung an dieses Geheimnis und den magischen Schutz, welchen Bran's Haupt geben soll. Ausserdem werden die Raben extra dafür in Angelsey, der Heimat des Bran, gezüchtet.

Während der Reise von Nordwales nach London wird das Haupt Bran's zu einem Orakel und gibt den Trägern weise Lehren. Der Weg, den die Träger nehmen, wird als «die Route des höchst heiligen Hauptes» bekannt und die Orte, wo sie rasten, als die «Schlösser des höchst heiligen Hauptes», deren erstes, Holy Head (deutsch Heiliges Haupt, Anm. d.Ü.) in Anglesey ist. Das weissagende Haupt des Bran wird zum Archetyp aller derartiger Köpfe, die als Trinkgefässe benutzt wurden und den Kessel der Inspiration und Weisheit symbolisieren.[38] Mit anderen Worten: Bran's Haupt ist ein Heiliger

Gral (in späteren Gralslegenden wurde Bran zu Brons, dem Hüter des Grals). Die Strasse nach London, die die heilige Hauptachse des keltischen Britanniens bildete, war deshalb ein Gralsweg, und ihre Burgen waren Gralsburgen – obgleich das heutige Wort Gral anfänglich nicht benutzt wurde, da es erst sehr viel später in der Geschichte erfunden wurde. Die Römer brachten diese heilige Strasse unter ihre Kontrolle und legten ihre römische Strasse, Watling Street, über grosse Teile davon.

Bran war der besondere Patron der Barden, Spielleute und Musikanten. Er hatte einen Sohn namens Caradawc, der Starkarmige, welcher mit der Gestalt des historischen Königs und Kriegsführers Caractacus verschmolzen wurde, der sich den Römern bei der Invasion Britanniens im Jahre 42 n. Chr. entgegenstellte. Tatsächlich gab man der ganzen Familie des Caractacus die Namen und symbolischen Attribute von Bran's Zweig der Götterfamilie. Wie die Barden sangen, hiess der Grossvater des Caractacus Llyr (Llyr Llediath), während sein Vater «Bran der Gesegnete» war, ein Urdruide und gleichzeitig König, der während eines Aufenthaltes in Rom Christ wurde. Bran's Vetter war Cunobelinus («König Belinus»), der als Shakespeare's «Cymbelin» unsterblich wurde.

Die Familie des Caractacus war vom Christentum tief geprägt, ebenso wie diejenige des Cymbelin. Caractacus, sein Vater Bran und seine Kinder wurden von den Römern gefangen genommen und 51 n. Chr. Nach Rom verschleppt, wo sie auf freien Fuss gesetzt wurden unter der Bedingung, dass sie nicht gegen die Römer kämpfen und dass Caractacus auf Ehrenwort mindestens 7 Jahre in Rom bleiben würde. Caractacus und seine Familie waren alle sehr gebildet und in Rom hoch angesehen. Dies war teils auf ihren hohen kulturellen Stand sowie darauf zurückzuführen, dass sie ehrenwerte und würdige Kriegsgegner gewesen waren. Ferner hatte Caractacus in Rom eine Ausbildung genossen und war dadurch den Römern bekannt und schliesslich trug die Tatsache dazu bei, dass seine Schwester Gladys (in Rom als «Pomponia Graecina bekannt) während eines Waffenstillstands den römischen Oberkommandierenden in Britannien, Aulus Plautius, geheiratet hatte. Die Tochter des Cacactacus, die auch Gladys hiess, heiratete ebenfalls einen Römer, nämlich den Senator Rufus Pudens. Um ihre Hochachtung vor dem damals regierenden Kaiser Claudius zum Ausdruck zu bringen, nahm sie anlässlich ihrer Heirat mit Rufus den Namen Claudia an. Bald wurde sie berühmt als eine der gebildetsten Damen Roms.

Rufus gewährte der Familie des Caractacus Unterkunft in seinem Palast in Rom. Dieses Haus, das auf dem Viminalishügel liegt, wurde bekannt als «Palatium Britannicum» und später als «Hospitium Apostolorum»[39]. Hier besuchten die Heiligen Petrus und Paulus die Familie oft, und es war der jüngere Sohn des Caractacus, Linus, den St. Paulus zum ersten Bischof von Rom salbte. Davon spricht er in seinen Briefen[40].

Bran, Caractacus und dessen ältester Sohn Cyllinus kehrten schliesslich etwa 58 - 59 n. Chr. Nach Britannien zurück. Nach seiner Heimkehr gründete Bran die christliche Gemeinde von Llan-ilid in Südwales[41]. Diese wurde berühmt als Sitz eines der drei «Immer währenden Chöre» Britanniens. Die beiden anderen waren derjenige von Glastonbury und der Ambrosiuschor von Stonehenge. Diese drei Chöre wurde als eine der «welschen Triaden» (das sind bardische Verse) beschrieben, die jeder 2400 Heilige hervorbrachten, welche geistliche Lieder in nicht endender Abfolge sangen. Sie wechselten sich zu je 100 Tag und Nacht in Schichten dabei ab, so dass das Singen nie unterbrochen wurde. Interessant ist dabei, dass die drei Chöre drei Punkte auf einer Kreislinie bilden, deren Mittelpunkt auf Whiteleafed Oak in den Malvern Hills liegt. Von diesem Zentrum sind sie alle drei gleich weit entfernt und liegen in Winkeln von je 144° zueinander. Dadurch nehmen sie drei der zehn Punkte eines in diesen Kreis eingeschriebenen Dekagons ein.[42] Ein vierter Punkt befindet sich bei Goring-on-Thames, dem Standort eines wichtigen

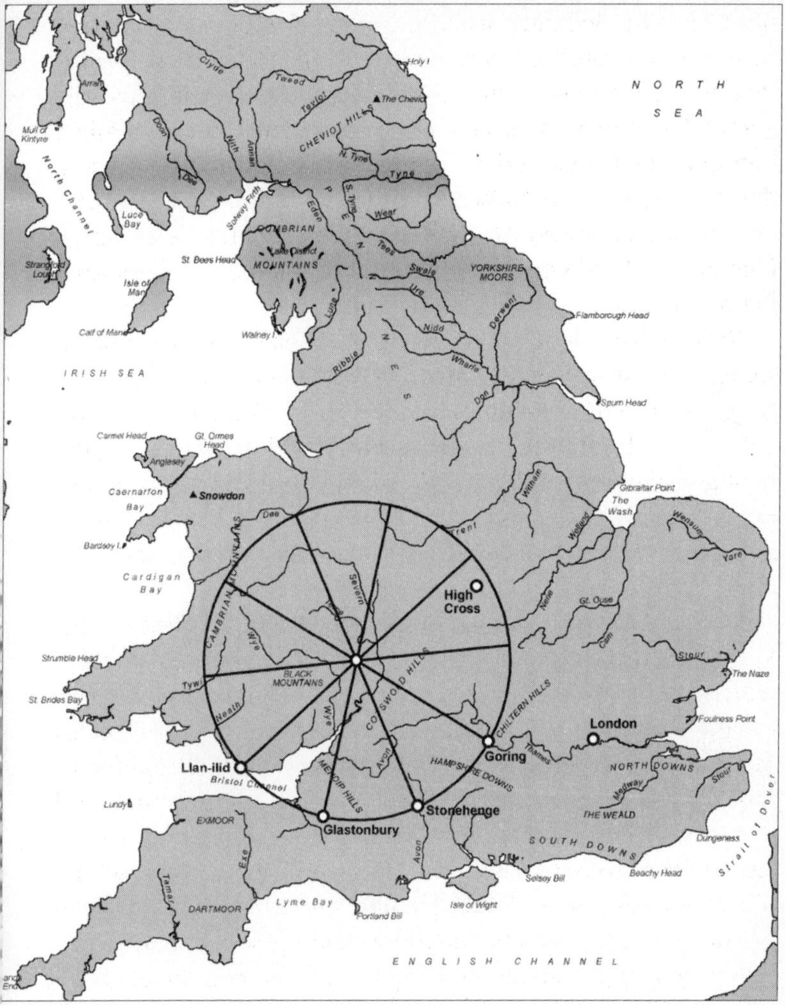

Abb. 12: Die immer währenden Chöre Britanniens.

Tempels. Hier kreuzt auch eine grosse prähistorische Strasse, bekannt als Icknield Way und Ridgeway, die Themse.

Die Gemeinde von Llan-ilid war die zweite grosse christliche Gründung in Britannien. Die erste war in Glastonbury

31 n. Chr. Gegründet worden, als Joseph von Arimathäa als Apostel der Briten dort ankam und vom damaligen Hochkönig in Glastonbury Land geschenkt bekam [43]. Dieser Hochkönig war Gwenivyth, ein Sohn des Cymbelinus, der ihm dieses Grundstück zum Aufbau einer Kirche und Gemeinde übertrug. Es scheint so, dass sowohl Joseph von Arimathäa als auch Bran der Gesegnete ihre Standorte absichtlich so wählten, dass sie mit dem geomantischen Dekagon durch den christlichen Choralgesang entsprechend einer alten Wissenschaft wirken konnten. Der Ambrosiuschor von Stonehenge wurde etwas später gegründet. Dies geschah im 3. Jahrhundert n. Chr. Durch Ambrosius Aurelianus («Prinz des Heiligtums»), den Enkel der britischen Prinzessin Helena und ihres Gatten, des römischen Kaisers Konstantin des Grossen. Ambrosius war der Onkel des historischen König Artus.

Joseph von Arimathäa wie auch Bran der Gesegnete werden in der Legende beide als Hüter des Heiligen Grals bezeichnet. Dasselbe gilt für Ambrosius. Er war der Merlin und Gralskönig zur Zeit des historischen Artus. Seine Lebensgeschichte wird mit derjenigen seines Bruders Usher und seines Neffen Artus und auch mit der Mythologie der archetypischen Götter vermischt. Dies ist sicher kein Zufall, nachdem diese drei einerseits über das Christentum und die Gralslegenden, andrerseits durch das dekagonale Layout der immer währenden Chöre Britanniens verknüpft sind – ein Layout, das, wie wir später in Kapitel 7 sehen werden, auch in einem grösseren Massstab in Britannien auftaucht.

Ein weiterer grosser Gott und Sohn von Dôn ist Gwydion, der Lehrer alles Guten, der Freund und Erwecker der Menschheit, Meister über die Illusion und Kämpfer gegen alles Böse. Gwydion ist der Merlin der arthurianischen Mythen und der Archetyp des Druiden. Er ist ein Jünger des grossen Gottes Mâth, des Bruders von Bel und Dôn (d. h. einer der Titanen), und sein Name bedeutet «Schatz». Um seine Einweihung als Druide zu erhalten, muss Gwydion in die Unterwelt hinabsteigen und für die Menschheit drei gute Wesen retten – den Hund, das Reh und den Kiebitz. Zu diesem Zweck muss er eine Schlacht schlagen und wird für einige Zeit von Pywll gefangengesetzt. Später gewinnt er durch eine List die heiligen Schweine, die dem Pryderi gegeben worden waren.

Gwydion ist der Vater zweier Kinder durch seine Schwester Arianrod (irisch «Boanne»), was «Silberner Kreis» bedeutet. Die Kinder sind Lleu law Gyffes («Licht des Langhändigen») und Dylan («Sohn der Welle»). Manche Mythen stellen es jedoch so dar, dass Lludd der Vater dieser Kinder von Arianrod ist, während Gwydion sie irgendwie betreut hat. Man kann es deshalb so sehen, dass Lludd und Gwydion zwei Namen für den gleichen Gott sind, den Herrn des Himmels und Vater des Lichtes (das ist Ju-Pater oder Jupiter). Der eine Name, Lludd, beschreibt den königlichen Aspekt, während der andere Name, Gwydion, den priesterlichen Aspekt hervorhebt. Mit anderen Worten: Gwydion-Lludd ist ein Priesterkönig wie Melchisedek.

Lleu ist ein Sonnengott des Lichtes und gleichbedeutend mit dem irischen Lugh und dem griechischen Apollo. Er ist ebenfalls bekannt als Hugh oder Hu, wovon der keltische Name für Jesus – Jes-Hu oder Jesu – abgeleitet ist. Lleu's Symbole sind der Löwe und der Adler. Während Lleu ein Gott des Lichtes ist, erscheint sein Bruder Dylan im Gegensatz dazu als Gott der Dunkelheit oder der Nacht.

Lleu hat eine Gattin namens Blodeuwedd, deren Name soviel bedeutet wie «die aus Blüten gemachte Dame». Mit der Hilfe von Mâth hat Gwydion sie auf magische Weise als Gefährtin für Lleu erschaffen, nachdem Arianrod einen Zauber über ihren Sohn gelegt hatte, um ihn von einer Heirat abzuhalten. Lleu (irisch «Lugh») bedeutet «Licht»[44]. Er wird mit einem Speer getötet durch den Verrat der Blodeuwedd[45], die sich in Gronw Pebyr, einen der Götter der Finsternis, verliebt und diesem hilft, den Tod des Lleu herbeizuführen. Als jedoch Lleu's Geist in der Form eines Adlers davonfliegt, bringt Gwydion ihn wieder ins Leben zurück. Blodeuwedd wird zur

Strafe für ihre Sünde in eine Eule verwandelt. Beide Vögel, der Adler und die Eule, sind Jäger, beide sind berühmt wegen ihrer besonders scharfen Augen, und beide werden mit Weisheit in Verbindung gebracht. Die Eule ist jedoch ein Nachtvogel, während der Adler am Tag jagt. Blodeuwedd's griechische Entsprechung ist Pallas Athene, die Partnerin des Apollo, deren Emblem ebenfalls die Eule ist.

Ein weiterer hiermit in Verbindung stehender Mythos spricht von einem Gott namens Gwynn als Lludd's Sohn, der Creurdylad, die Tochter des Llyr und Schwester des Manawydden ehelicht. Sie geht auch eine Beziehung mit Gwythur, dem Sohn des Greidawl, ein. Gwynn und Gwythr sind wie Lleu und Dylan Götter des Lichtes beziehungsweise der Dunkelheit. Creurdylad bewegt sich wie Blodeuwedd zwischen den beiden und geht Beziehungen mit beiden ein. Genau wie der Doppelname Lludd-Gwydion bilden auch die beiden Paare der Söhne jeweils nur zwei Aspekte des gleichen Paares, und Creurdylad ist ein weiterer Name und eine andere Form für Blodeuwedd. Nachdem Creurdylad im keltischen Mythos die Entsprechung zur Persephone im griechischen darstellt, ist es nicht Zufall, dass Blodeuwedd «die Dame, die aus Blüten gemacht ist» bedeutet und Persephone die Blütenjungfrau ist.

Artus und Guinevere sind mit Lleu und Blodeuwedd direkt verbunden. Tatsächlich sind die meisten Aufgaben und Taten der Legenden um Artus und Guinevere aus der Mythologie von Lleu und Blodeuwedd entnommen. Ebenso ist es Lleu's Vater, Lludd-Gwydion, der Merlin ist. Mit anderen Worten ist Merlin (keltisch: Myrddin) nicht nur der höchste Druide des Stammes von Dôn und der Lehrer und Einweihende von Artus, sondern auch deren ursprünglicher höchster König und Artus' Vater. Merlin's Gattin ist Elene, die Arianrod oder «Silberrad» des keltischen Mythos.[46] Das Silberrad ist ein weiterer Typ des Grals, aber ein himmlischer, der mit dem Zodiak und dem Runden Tisch in Verbindung steht, welchen Merlin Artus zu dessen Heirat mit Guinevere schenkt. Am Himmel stellen die Milchstrasse und die nördliche Krone Gwydion / Merlin beziehungsweise Arianrod / Elene dar.

Blodeuwedd («die Dame, die aus Blüten gemacht ist») deckt sich mit der berühmten keltischen Göttin Ceridwen. Ceridwen wird im Mythos als grosse, weisse Sau bezeichnet, während Merlin, ihr Vater, der sie durch magisches Können erschaffen hat, als Schweinehirt beschrieben wird. Dies stimmt genau mit der Bezeichnung des Artus (d.i. Lleu / Hu) als Eber von Cornwall überein, wobei Cornwall ein alter Name für das ganze damalige Britannien ist. Shakespeare personifiziert diese Sau in seinem Stück «Der Kaufmann von Venedig» als Portia («Sau») und Bassanio («königlich/erhaben»).

Der von den Barden gesungene Mythos über Ceridwen, eine Einweihungsgeschichte, erzählt, dass sie in ihrem Kessel ein Gebräu von Inspiration und Weisheit für ihren Sohn Arvaggdu («schwarze Schwingen») zubereitete. Es begab sich aber, dass ihr Diener Gwion Bach («der kleine, weisse Gott»), der den kochenden Kessel bewachte, unabsichtlich drei Tropfen von seinem Inhalt schluckte und damit die Gabe des allumfassenden Wissens anstelle des Arvaggdu erlangte. Er wurde dann von Ceridwen gejagt und durchlief eine Reihe von Metamorphosen, bis er schliesslich als Sohn der Ceridwen wiedergeboren wurde und den Namen Taliesin («strahlendes Antlitz») erhielt. Taliesin wurde von einem Fischerkönig aufgezogen und dann an Artus' Hof gebracht, wo er der oberste der Barden und ein hochberühmter Druide wurde.

Im Zusammenhang mit dem Mythos von Europa und dem Stier ist Blodeuwedd / Ceridwen / Guinevere die Europa. Ihr Gemahl Lleu / Artus ist der Stier, die körperliche Form, die Lludd / Zeus annahm (d.h. als sein eigener Sohn), um sich mit ihr vereinigen und das goldene Kind Hermes/Taliesin zu erschaffen. Lludd / Zeus, der Merlin oder Gwydion des keltischen Mythos, ist auch Atlas, der Enoch oder grosse Eingeweihte des klassischen Mythos. Arianrod, seine Gemahlin, ist Pleione. Diese beiden sind der Phönixkönig und die Phönixkönigin von Atlantis.

Interessanterweise erklärt die keltische Tradition, dass es Lleu oder Hu Gadarn («Hu der Mächtige») war, der nach der grossen Flut die Erde wieder bevölkerte. Das heisst, dass Lleu/Artus der Noah des keltischen Mythos ist. Lludd/Atlas, Lleu's Vater, war der grosse König von Atlantis vor der Flut, die Atlantis nach der Beendigung eines goldenen Zeitalters zerstörte. Das weist auf eine verborgene Bedeutung in den Mythen hin, wonach die erste Generation des Stammes von Dôn – die eigentlichen Kinder der Dôn – vorsintflutliche Gestalten sind, während deren Kinder, die zweite Generation im Stamm von Dôn, in die Zeit nach der Flut zu datieren sind. Sie verbinden die Zeiten vor und nach der Grossen Flut mit den und durch die Überlebenden. Während ausserdem die erste Generation der Götter und Göttinnen drei klar unterschiedene Familien bildet, die über die Luft (Himmel), das Wasser (Welt) und die Erde (Unterwelt) herrschen, heiratet die zweite Generation untereinander und vermischt somit Luft mit Wasser und Wasser mit Erde. Die dritte Generation ist diejenige des Weltenerlösers, in dem alle Elemente vermischt und vereint sind. Sehr zutreffend wird deshalb gesagt, dass das strahlende, goldene Kind Hermes Trismegistus (das bedeutet: «Hermes, der dreimal Grösste») ist, ein Wesen, gross an Macht, gross an Weisheit und gross an Intelligenz.

Gralskönig und Gralskönigin

Um es gleich zusammenzufassen: Artus ist der Gralskönig und Guinevere ist die Gralskönigin. Sie ist gleichzeitig der Heilige Gral, wie ihr Land, das sie personifiziert. Im keltischen Mythos wird Artus mit dem Sonnengott Hu, Lugh oder Lleu – «Das Licht» – gleichgesetzt, während er im Griechischen Apollo ist. Guinevere ist Blodeuwedd oder Ceridwen im Keltischen, Athene im Griechischen und Minerva bei den Römern. In Bezug auf die besonders zu ihr gehörende Landschaft ist sie auch Britannia. Weiterhin ist sie auch die Mutter, Maja oder Maria, des goldenen Kindes und als solche Europa, die schöne Phönix-Taube. Im Zusammenhang mit dem Mythos von Europa und dem Stier wird der Gralskönig durch den Stier und seine Gralskönigin durch die Taube symbolisiert.

Der Name Artus oder Ar-Thor enthält noch tiefere Bedeutungen, die sich hinter dem äusseren Schleier der Symbolik verbergen. Diese helfen uns, seine Beliebtheit noch besser zu verstehen. Zum Beispiel ist der Laut Ar oder Ah der unmittelbare erste Klang der Liebe, den wir alle gebrauchen, und es ist auch der Klang aller folgenden wichtigen Stufen in der Entwicklung des Bewusstseins (z.B. Ah oder Aha steht für: ich höre, ich sehe, ich verstehe, ich weiss etwas wirklich und wahrhaftig). Das Wort Tor ist ein alter Name für das Gesetz Gottes (z.B. im Hebräischen: Torah), welches das Licht oder Wort Gottes ist. In Britannien werden heute hochgelegene Orte, die dem vollen Sonnenlicht ausgesetzt sind und für heilig erachtet werden, mit ihrem alten keltischen Namen Tor bezeichnet. Das griechische und keltische Wort «Tau» bedeutet das gleiche und wird durch das T-Kreuz und den Buchstaben «T» symbolisiert. In dem Teil der keltischen Mysterien, der uns bis heute überliefert wurde, wird das Wort «Tau» über das Zeichen des T-Kreuzes geschrieben[47] und bedeutet das gleiche wie das Geheimnis der Taube, die das Licht oder Wort Gottes trägt und sich auf das Haupt des gekreuzigten Erlösers in den christlichen Mysterien niedersenkt. Es taucht ebenfalls auf im nordischen Namen für Gott «Thor», «der Donnerer», oder «das schöpferische Wort». Es bedeutet auch «der Handwerker» (d.h. der Eine, der das Werk tut, und das ist der Vater, wie Jesus von Nazareth so klar ausgesprochen hat) oder «der Hammer», der seinerseits ein T-Kreuz bildet. Somit bedeutet Artus «derjenige, der das Wort erschafft und erklingen lässt».

Der Name Guinevere kommt aus dem keltischen Wort Gwen-Weüre und heisst «die Weisse Dame» oder «Weisser Drache»: denn, wie Lord Shiva's Shakti in den vedischen Lehren, manifestiert sich die Gralskönigin in der Natur als die subtile Schlangenenergie-Substanz (Äther), welche als der Drache bekannt ist.[48] Das Symbol des Drachen wurde einerseits aus der schlangenförmigen Bewegung der natürlichen ätherischen Energie entnommen, die sich um ihre eigene Strahlung windet, um ihr Form zu geben und andererseits deshalb gewählt, weil der Drache die verschiedenen Schlüsselstadien der Verwandlungen aufzeigt, die alle Formen durchlaufen können, um Erfahrung ihrer selbst zu sammeln und Vollkommenheit in Wissen und Schönheit, die die Bestimmung der Seele sind, zu erreichen.

Artus zeigt in seinem Namen bestimmte symbolische Archetypen auf, die der Gralskönig annimmt, um seine Taten vollbringen zu können und die besonders für unsere heutige Zeit in der Weltgeschichte bedeutsam sind. So heisst z.B. Artus auch «Bär» (im Keltischen Arth Uthyr = Wunderbarer Bär) oder Stier (arabisch Al Thaur, griechisch Tauros, lateinisch Taurus, chaldäisch Tor = «der Stier»). Diese symbolischen Übereinstimmungen, die von grosser Bedeutsamkeit sind, hängen auch mit den Namen bestimmter Sternbilder am Himmel zusammen – nämlich mit dem Grossen Bären (Ursa Major), dem Kleinen Bären (Ursa Minor) und dem Stier (Taurus).

Obgleich somit Artus ursprünglich Bär oder Stier bedeutet, werden auch andere Namen, die mit diesen drei Sternbildern zusammenhängen, entweder als beschreibende Titel des Gralskönigs oder als symbolische Tiere, Orte oder Gegenstände, die mit ihm zusammenhängen, benutzt. So ist z.B. Ursa Major auch bekannt als die Grosse Taube, oder als der Pflug, Wagen oder Streitwagen Artus'[49], der von Taurus, dem Ochsen oder Stier[50], gezogen wird, während Ursa Minor, der Kleine Bär, alternativ auch Kleine Taube, Phönix, Eber, Arkadien, Phönizien, die Hesperiden und Avalon genannt wird und ausserdem Europa bedeutet.

Wie die Taube, so ist auch der Gralskönig bekannt als:

1. David (aus dem Keltischen Dovydd = Dove = Taube) oder
2. Johannes (hebräisch: Johannes oder IOA-nnes, wobei IOA die Taube oder den Heiligen Geist meint) oder
3. IOA «Gesetzgeber» und «Erleuchter» (hebräisch: Jehovah)[51].

Der Gralskönig hat noch viele andere Verkleidungen, aber der Bär, der Stier, der Eber und die Phönixtaube zählen zu den hauptsächlichen und haben in den drei Sternbildern von Ursa Major, Ursa Minor und Taurus ihre Darstellung am Himmel. Die Lehren, die uns aus den Aufzeichnungen der ägyptischen Weisheitstradition noch erhalten sind, helfen uns zu erkennen, wie die alten Weisen diese miteinander verbanden, um eine tiefe Wahrheit zu offenbaren.

Nach der ägyptischen Lehre sollte der Grosse Bär das linke Vorderbein des Stieres darstellen, das während des königlichen Opfers des geweihten Stieres aus Anlass des Todes eines Pharao abgetrennt wurde. In den Ritualen für den Toten wurde das abgeschlagene Vorderbein dem Körper des toten Pharao geopfert, und zwar in einer Zeremonie, die als «die Öffnung des Mundes» bekannt war. Man glaubte, dass der Pharao erst, nachdem dieses geschehen war, in den höchsten Himmel aufsteigen konnte, um das Wort Gottes ertönen zu lassen. Von dort würde er auf die Erde zurückkehren, um der Menschheit zu helfen, wenn diese darum betete. Dieses Vorderbein und somit das entsprechende Sternbild repräsentieren das letzte Opfer, das Osiris auf sich nahm, indem er König auf Erden wurde (das bedeutete seine Inkarnation als Stier) und ebenso seine spätere Auferstehung und Auffahrt in den Himmel, von wo er wiederkommen wird, um der Welt ein gerechter Richter zu sein.

Die sieben gleichmässig angeordneten hellen Sterne des Kleinen Bären ergänzen die sieben strahlendsten Sterne des Grossen Bären, die die berühmte Form einer Kasserolle bilden. Dieser «Sternenkochtopf» oder Heilige Gral stellt den himmlischen Archetyp für die Form des Löffels dar, mit dem bei den Krönungszeremonien das Heilige Salböl über das Haupt des Königs gegossen wird. Diese Salbung symbolisiert die Taufe durch den feurigen Geist (d.h. durch den Heiligen Geist und das Wort Gottes), die göttliche Eingebung und Erleuchtung bringt. Das Salböl besteht hauptsächlich aus Olivenöl, da der Ölbaum für Frieden und Erleuchtung steht. Er ist verbunden mit der Friedenstaube. Wenn der Stern Arkas der Polarstern der Erde ist, dann schwebt der Kleine Bär, die Kleine Taube, tatsächlich über der Krone der Welt und salbt sie mit Licht. Anders gesagt, bezeichnet diese Stellung die Erleuchtung der Welt, die als Ergebnis der Auferstehung aus dem Phönixfeuer stattfindet – und diese Situation ergibt sich für die Welt genau jetzt.

In diesem allegorischen Arrangement kann alles auf Taurus zurückbezogen werden, der seinerseits benutzt wird, um das Alpha darzustellen, das alle Dinge erschafft, sowie auch das Omega, zu welchem alle Dinge zurückkehren. Das Antlitz und die langen Hörner des heiligen Stiers mit hochgebogenem Rücken, ergeben das V oder A des Alphabetes – das Alpha und das Omega. Wenn man sie als die beiden Dreiecke des Siegels Salomo's benutzt, bedeuten sie den Geist, der in die Inkarnation herabsteigt, und die Seele, die gemeinsam mit dem vervollkommneten Körper aufersteht. Die mystische Hochzeit von Geist und Seele, wenn letztere voll manifestiert und in den Geist integriert ist, wird durch den sechsstrahligen Christusstern oder Davidstern symbolisiert, in welchem die beiden Dreiecke des Siegels Salomo's zu einem gleissenden Stern verschmelzen.

Maitag

Es ist nicht ohne Bedeutung, dass Britannien in der Tradition das Land von Maria oder Maja, der jungfräulichen Mutter, ist und dass der Monat Mai nach ihr benannt wurde. Maitag, der den Anfang des Monats Mai, sowie den Beginn des Sommers bezeichnet, wenn die Sonne im Zeichen des Stieres steht, wurde von den Kelten mit ihrem Hauptfest (Beltane) gefeiert, das man in Erinnerung an das Ende der Grossen Flut beging, als Lleu (der keltische Noah) und seine Familie aus der Arche kamen und einen neuen Kreislauf der menschlichen Entwicklung auf gereinigter Erde einleiteten. Auf allen Hügeln im ganzen Land wurden Feuer angezündet, zu Ehren des grossen Gottes Bel. Über das ganze Land zogen sich lange Reihen von Leuchtfeuern in gleicher Höhe mit der aufgehenden Sonne des 1. Mai. Die berühmteste dieser Linien ist die Michaelslinie, die Südengland vom Michaelsberg in Cornwall über Glastonbury, Avebury, Royston und Bury St. Edmunds nach Hopton an der Küste von Ostanglia durchzieht

Der Maitag war die hauptsächliche Einweihungszeit für die Kandidaten des Ordens der Barden, Vaten und Druiden. Ihre Vorbereitung hierfür hatte bereits die Übung enthalten, in der Dunkelheit einer Höhle oder eines Sarkophages eingeschlossen zu werden, wo sie ihre erste Einweihungserfahrung mit Tod und Wiedergeburt durchlebten. Dann folgte eine symbolische Nachbildung von Noah's Gefangensein in der Arche während der Flut, was schliesslich zum Höhepunkt der Einweihung, dem Untergetauchtwerden im Wasser, führte. Während dieser Zeremonie senkte sich das Wort Gottes (dargestellt in Form einer Taube oder eines Zaunkönigs) auf ihr Haupt nieder.[52] Am Maitag wurden sie aus dem Wasser auf eine Insel gezogen. Diese stellte symbolisch das gelobte Land dar, die Insel der Seligen (Paradies), wo die Eingeweihten sich eines «Goldenen Zeitalters» erfreuen durften. Dort erhielten sie weitere Ausbildung und viele andere Gelegenheiten, stetig mehr göttliches Licht aufzunehmen und die Stufen der Einweihung hinaufzusteigen, um Barde, Vate oder schliesslich Druide zu werden.

Einer der Titel der Eingeweihten war «Mayson», d.i. Sohn von Mai (Maria), der Mutter. Mayson oder Mason wird auch hergeleitet von dem ägyptischen Wort Maa-son, was «Sohn der Wahrheit» bedeutet, da Maja, die Mutter Maria, Wahrheit ist. Die Männer des Mai waren auch die «Merrie Men», denn «Merrie» ist eine Form für Mary = Maria, die Mutter (gleichzeitig heisst «merry» auf deutsch «fröhlich»; Anm. d. Übers.). Ihre Mutter war die Feenkönigin, und ihr Führer und Lehrer war Robin Hood, ein anderer Name für Artus. Mit dem Wort Frij = «liebend»[53], das dem Wort Mayson hinzugefügt wurde, ergab sich der Ausdruck «Freemason» (auf deutsch: Freimaurer) als vollständiger Titel mit der Bedeutung «der liebende Sohn der Mutter» oder «der liebende Sohn der Wahrheit».

Die Bezeichnung eines Eingeweihten als Sohn der Grossen Mutter war wichtig. Gewöhnlich wurde dem Eingeweihten auch ein neuer, persönlicher Name gegeben, der sich auf den Aspekt des Göttlichen bezog, den er in dieser Inkarnation leben wollte. Die Namensgebung erfolgte am Maitag, wenn der Eingeweihte aus dem Wasser in die «Luft»-Stufe der Einweihung gezogen wurde.

Dieselbe Form der Zeremonie war in den Mysterienschulen in ganz Europa und Asien verbreitet. Ein gutes Beispiel dafür ist die Taufe Jesu im Jordan. Als er aus dem Wasser stieg, erschien eine Taube über seinem Haupt und eine Stimme sprach: «Dieser ist mein geliebter Sohn, an dem ich mein Wohlgefallen habe.» In diesem Augenblick erhielt Jesus seinen neuen Namen Jihoshua (jebräisch für Jesus). Sein früherer Name war ein Familienname gewesen. Dieser Name jedoch war ihm bei der Verkündigung bereits prophezeit worden, als der Engel Maria sagte, das Kind, das sie empfangen würde, sollte Jesus heissen: «Sein Name wird Jesus sein.» Es war ein Einweihungsname, von dem Maria sehr wohl verstand, dass er erworben werden musste. Während mehrerer Jahrhunderte nach seiner Auferstehung feierte die junge christliche Kirche die spirituelle Geburt Jesu und seine physische Geburt als zwei gesonderte Feste. Die spirituelle Geburt geschah in dieser Taufe.

Die Prüfungen und Abenteuer, denen sich die Neophyten, Jünger und Eingeweihten unterziehen mussten, waren ein Echo der allegorischen Geschichte des Lleu, der von seiner Mutter Arianrod nicht anerkannt oder mit einem Namen genannt wurde, bevor er mit der Hilfe seines Vaters im Boot die Wasser überquert hatte, die zum Inselschloss der Göttin führten. Nachdem er dort war und nach einer seltsamen Episode mit einem Zaunkönig, bei der Lleu seine aussergewöhnlichen Künste im Bogenschiessen demonstrierte, indem er das Bein des Zaunkönigs traf, erkannte die Göttin ihn an und gab ihm einen Namen. Jeder Eingeweihte in die druidischen Mysterien musste sich deshalb einer solchen Prüfung unterziehen, als sei er selbst Lleu (d.h. Artus).

Lleu's besonderes Fest, an dem Freudenfeuer im ganzen Land angezündet wurden, um die Erinnerung an ihn und seine aus Blüten gebildete Gattin zu feiern, ist Llughnasad, Anfang August, wenn die Sonne im Löwen steht und der Herbst mit der zeremoniellen Ernte der ersten Früchte beginnt. Die Sonne geht an diesem Festtag am gleichen Ort des Horizontes auf wie an Beltane, und so konnten die grossen energetischen Verbindungslinien (Ley-Lines), die für die Maitagfeuer- und festlichkeiten benutzt wurden, auch jetzt verwendet werden[54].

VII. Kapitel

Das Gralskönigreich

Der Landschaftstempel von Europa und dem Stier

Die archetypische Gedankenform von Europa und dem Stier ist in der Landschaft als der Kontinent Europa verkörpert, worauf die keltischen Mythen hindeuteten und was die griechischen Weisen erkannten. Der Mythos ist wie eine Chiffre, die die Geheimnisse der Landschaft zukünftigen Generationen offenbart. Wenn man die Landkarte von Europa aufmerksam betrachtet, und dabei das Auge der Vorstellungskraft und den intuitiven Sinn zusammen mit dem Mythos als Führer benutzt, kann man sehr wohl das Geheimnis entdecken. Der Mythos kann unser Bewusstsein öffnen. Wenn wir das Geheimnis einmal gefunden haben, können wir nach und nach viele Dinge entdecken, die unsere Beobachtungen bestätigen und mehr Einzelheiten erkennen lassen, die uns auf einen Weg unglaublicher Schätze an Wissen, Erleuchtung und Freude führen – besonders wenn wir die Orte besuchen, das Land und seine Geschichte kennen lemen und es zu uns sprechen lassen.

Blicke zum Beispiel genau auf eine Landkarte von Europa und du wirst sehen, dass Irland und die Britischen Inseln die Prinzessin Europa darstellen, während der Europäische Kontinent den gewaltigen Stier bildet, der sein Haupt nach Westen angreifend senkt. Das Haupt des Stieres wird von Spanien gebildet, sein Auge liegt bei Madrid, während seine mächtigen Schultern und sein Nacken in Frankreich zu finden sind. Darauf sitzt Europa, die Taube. Die Hörner des Stieres strahlen die Energien über den Atlantik aus dem Kronenchakra seines gesenkten Hauptes aus. Das berühmte Pilgerzentrum Santiago de Compostella – der Name bedeutet «Feld der Sterne» – markiert diese Krone. Das erklärt all die Pilgerstrassen, die quer durch ganz Europa zu dieser Krone hin und darüber hinaus bis an die Küste führen, nach Finisterre, d.h. «Ende der Erde». Diese Strassen sind älter als das Christentum. Denn schon immer wussten die Menschen, dass Pilgern eine grossartige Möglichkeit bietet, die Energien des Stieres durch seinen Körper zum Scheitel hin zum Fliessen zu bringen, genau wie die Kundalini im menschlichen Körper aufsteigt, was für das Leben und die Erleuchtung unerlässlich ist.

Das grosse Herz des Stieres liegt bei Konstanz und am Bodensee, wo sich die Grenzen Deutschlands, Österreichs und der Schweiz treffen, mit den österreichischen und Schweizer Alpen auf einer Seite und dem Schwarzwald auf der anderen. Von den weissen Gipfeln der schneebedeckten Häupter der Alpen nimmt der Rheinfluss seinen Ausgang, durchquert zuerst den Bodensee und wendet sich dann west- und nordwärts, um sich schliesslich im Ärmelkanal mit den Wassern der Themse zu vermischen. Der Rhein und die Themse sind wie die Blutströme zweier Herzen, des Stieres und der Europa, die zu einem zusammenfliessen. Das Gleichgewicht zum Rhein bilden die Wasser der mächtigen Donau, die aus den unterirdischen Tiefen des Schwarzwaldes emporsteigen und nach Osten durch den unteren Körper des Europäischen Stieres ihrer Mündung im Schwarzen Meer entgegenströmen. Ausserdem ist aber die Donau mit dem Rhein durch einen unterirdischen Fluss verbunden, der als der Fluss Aach am Westende des Bodensees in dem Ort Aach an die Oberfläche dringt. Weisse Wasser und schwarze Wasser – sie bilden die beiden Lebensströme, die aus dem grossen Herzen des Stieres durch den Kontinent Europa fliessen.

Es ist faszinierend zu sehen, dass das Zwerchfell des Stieres, der schützende energetische «Schleier», der die Brust vom Bauch und das Herz von den unteren Chakren abschirmt, fast genau dort liegt, wo bis vor kurzem die politische und militärische Trennungslinie zwischen Ost- und Westeuropa verlief. Die Vorderbeine des Stieres, die die Legende als unter ihn gebeugt beschreibt, werden von Italien sowie den Inseln Korsika, Sardinien und Sizilien gebildet. Cicero[55] erklärte, dass der Stier ein «gebeugtes Knie» habe, und Manilius[56] beschrieb dies noch genauer als das «Vorwärtsstreben» des Stieres: entweder in dem Sinn, dass er einen Pflug zieht, wozu der Stier ins Joch gespannt worden sein soll, oder im Sinn des Angreifens, wobei er die Europa durch das Universum trägt und alle Ungerechtigkeit aus der Welt hinwegfegt. Diese gebeugte Stellung sowie die gewaltigen Hörner sind auf fast allen Darstellungen aus dem Euphratgebiet zu finden.[57] Die Legende beschreibt den Stier auch als lahm, eine Eigenschaft, die der Gralskönig freiwillig annahm, um dadurch die schliessliche Heilung und Erleuchtung der Menschheit herbeizuführen. Im Scherz wird in diesem Zusammenhang auch Süditalien als Boot bezeichnet!

Der gebogene Rücken des Stieres wird durch Norddeutschland und Polen nachgezeichnet. Seinen Rumpf bilden die osteuropäischen Länder Rumänien und Bulgarien. Aber ebenso wie beim Sternbild Taurus am Himmel, sind Hinterteil und Hinterbeine des Europäischen Stieres nicht genau festgelegt. Die Sternengeschichte gibt als Grund an, dass die Konstellation den Stier als aus den Wassern des Grossen Meeres aufsteigend darstellt, mit der Europa auf seinen Schultern, so dass seine Flanken noch in den Wassern versteckt sind. Die Übereinstimmung zwischen dem Mythos und der Tatsache, dass die Grenzen Osteuropas ziemlich unklar bleiben, während diejenigen in Westeuropa durch die Küstenlinien ganz klar definiert sind, ist faszinierend. Man weiss nicht genau, wie weit sich Europa nach Osten ausdehnt, und jedes Jahrhundert bringt Veränderungen der politischen Grenzziehung. Und dann beginnt das Schwarze Meer, aus welchem die Stier aufsteigt und das seinen Namen in vollkommener Übereinstimmung mit dem Mythos trägt.

Der Europäische Stier spiegelt das Sternbild Taurus am Himmel auch dadurch wider, dass sein Haupt gesenkt und sein Rücken hochgebogen ist, während er seine Kraft zum Angriff sammelt und das Wort der Wahrheit Donner gleich hinausbrüllt[58]. Diese Stellung bezeichnet traditionsgemäss, dass der Stier alle Ungerechtigkeiten aus der Welt hinwegfegt. Dadurch ist er im Zusammenhang mit der Europa auf den Schultern der «Bringer der Erleuchtung». Die biblische Beschreibung, die sich auf den Stier bezieht, lautet: «Das Kommen des Herrn im Gericht, zu herrschen über Himmel und Erde». Das ganze astrologische Zeichen von Taurus und den Plejaden, in dem die kosmologische Geschichte von Europa und dem Stier beschlossen ist, hängt mit der Aufrichtung eines Goldenen Zeitalters des Friedens und der Erleuchtung auf der Erde zusammen, eines Zustandes, den Europa's erstgeborener Sohn, Merkur, personifiziert.

Somit stellt sich das europäische Festland als eine einheitliche Wesenheit dar, ein weit ausgedehnter Landschaftstempel mit eigenem Chakrasystem – die Wurzel liegt im Schwarzen Meer, das Herz am Bodensee und die Krone bei Santiago de Compestella. Spanien ist sein Haupt, Frankreich Hals und Nacken und die Balkanländer der Sakralbereich. Der Mythos von Europa und dem Stier, der diesem Kontinent seinen Namen gab, zeigt uns, dass die alten Weisen diese Landschaft symbolisch als einen Stier betrachteten, während Schottland, Irland und Britannien den kleineren Landschaftstempel der Europa bilden, der Taube, die auf dem Nacken des Stiers sitzt.

Diese Europa-Taube besteht aus drei alten Landschaften: Britannien, Schottland und Irland. Die natürlichen Grenzen der drei alten Länder sind auch heute noch deutlich sichtbar, mit Ausnahme der Tatsache, dass die Angeln und Sachsen einen grossen Teil Britanniens überrannten und den von ihnen eroberten Teil England nannten. Was übrig war, hinterliessen

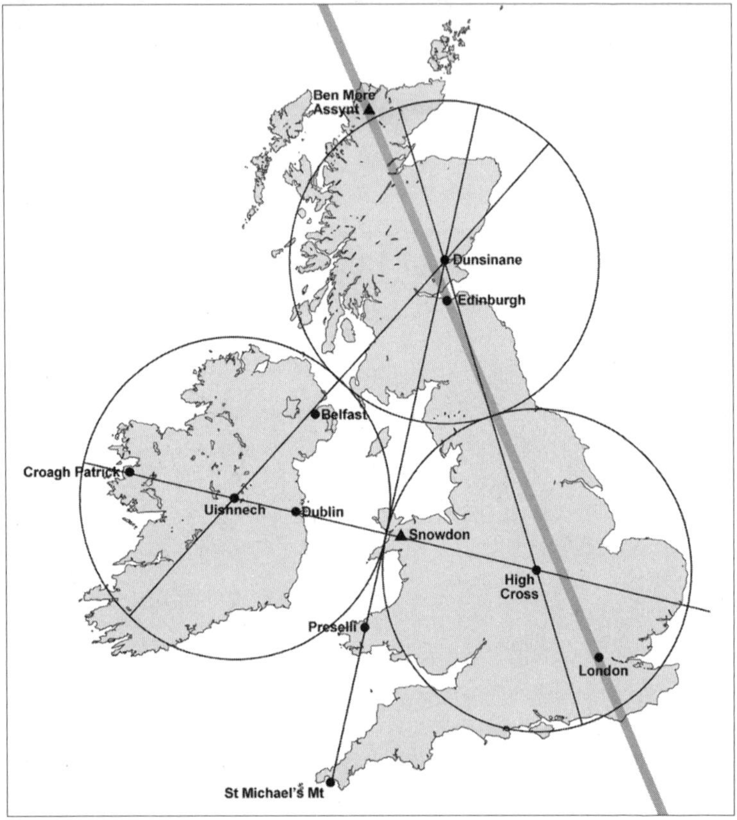

Abb. 13: Die drei Kreise der Europa.

sie den verbleibenden Briten, die ihren Teil nun mit dem neuen Namen Wales benannten. Diese drei Länder haben jedes ein Herzzentrum, das der Mittelpunkt eines energetischen Rades ist, dessen Umkreis von einem Zodiak gebildet wird und die einander berühren, so dass Europa in Wirklichkeit eine «Taube» ist, die aus drei miteinander verbundenen Energierädern besteht. Die Geometrie dieser geomantischen Figur ist so vollkommen, dass sich in ihr ein sechs-strahliger Stern zeigt – der Stern der Taube. Das Zentrum der Europa wird

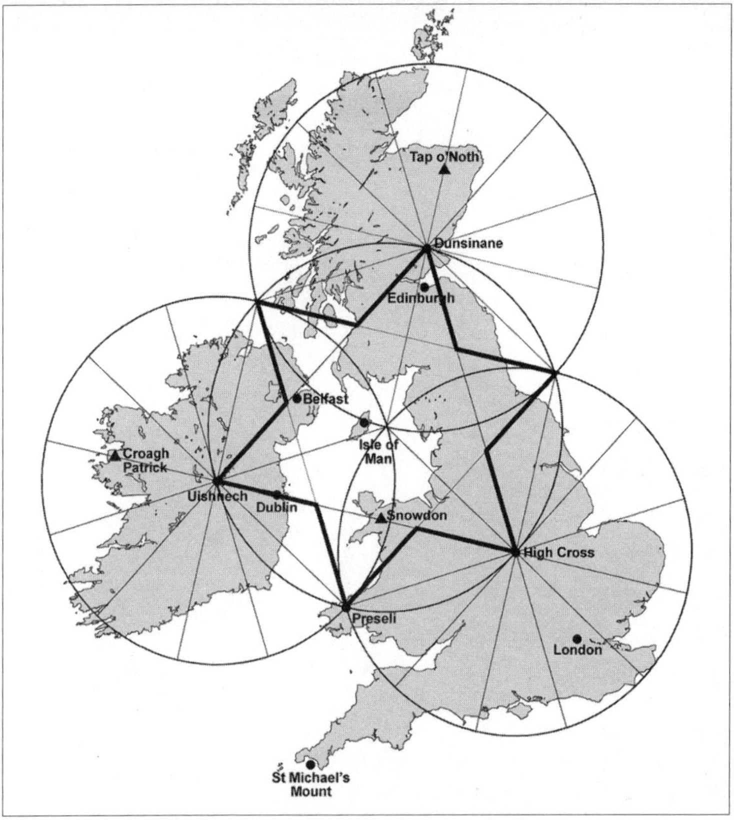

Abb. 14: Die Europa und der Davidstern.

durch die Isle of Man markiert, welche das dem geometrischen Zentrum der Europa nächstgelegene Landstück ist und deren Symbol aus drei Beinen besteht, die von einem Zentrum ausgehen und so auf die Dreifaltigkeit hinweisen, die die Europa darstellt. Die anderen Zentren, vor allem die Herzzentren der drei Länder, sind geschichtlich gut bekannt, vielleicht mit Ausnahme des schottischen Zentrums, das geographisch nicht als das Herz von Schottland erscheint. Dazu ist aber zu bedenken, dass geomantische, energetische

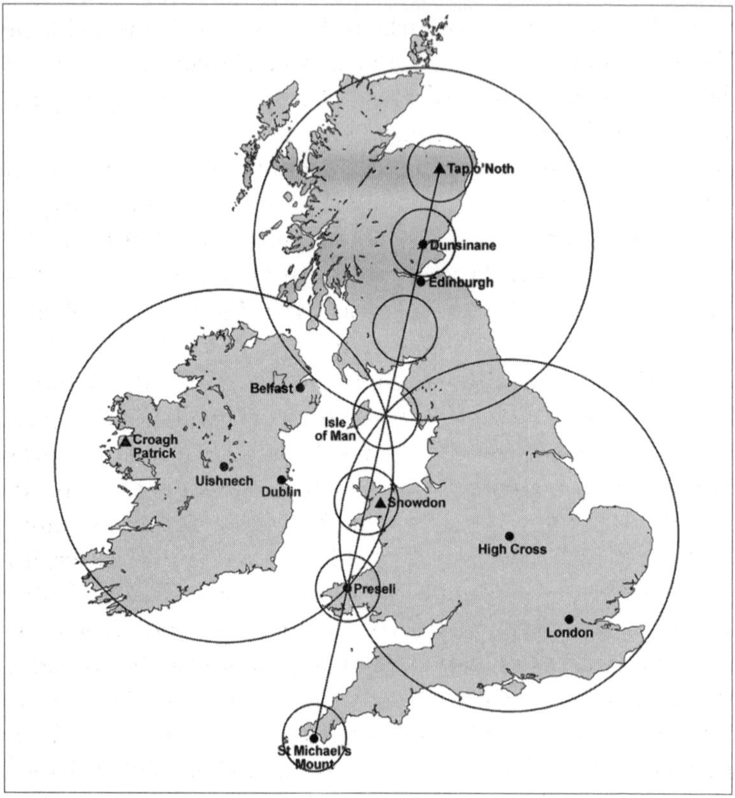

Abb. 15: Der Landschaftstempel von Europa.

Strukturen nicht unbedingt immer mit der geographischen Karte übereinstimmen, weil z. B. Küstenlinien ständig erodieren oder sich sonstwie verändern. Das schottische Zentrum liegt nahe bei Scone, wo die Könige von Schottland gekrönt wurden, und seine tatsächliche Lage wird verborgen in der seltsamen Volksgeschichte über Macbeth erzählt.[59] Das irische Herzzentrum liegt bei Uishnach, das britische bei High Cross, und das schottische Herzzentrum befindet sich exakt bei Dunsinane, wo Macbeth und die anderen schottischen Könige ihre Hauptburg, d. h. ihr Machtzentrum hatten.

Aus dem Zentrum von Irland laufen vier hauptsächliche Trennungslinien, die das Land in vier Provinzen teilen. Im Mittelpunkt steht der Hügel von Uishnach, der ursprünglich als fünfte Provinz bekannt war und Meath, d.h. «die Mitte»$$, heisst. Heutzutage wurde Meath vergrössert und dehnt sich weiter nach Osten aus, und die Provinzgrenzen folgen nicht mehr dem geometrischen Original. Das Muster ist jedoch immer noch da und in der irischen Tradition gut bekannt. Der Hügel von Uishnach war für den Hochkönig reserviert und für die heilige Flamme von Irland, und auf seiner Höhe steht der irische Omphalos, der Stein der Teilung. Die vier umgebenden Provinzen sind weiterhin in acht «gleiche» Sektoren geteilt. Dies geschieht durch ein weiteres Kreuz von Energielinien mit dem Mittelpunkt auf Uishnach, und die Radii verlaufen zu oder durch vier Hauptkraftpunkte: Im Süden Cashel, die Provinzhauptstadt von Munster, im Norden Slieve Beagh und Knockmany, den Ort der Gründung Irlands, im Westen Croagh Patrick, Irlands heiligsten Berg, und im Osten Dublin, die Hauptstadt Irlands. So bildet das geomantische Muster Irlands ein sehr schönes Lebensrad mit vier Sektoren und acht Speichen – ein Symbol für Weisheit. Ausserdem verbindet ein alter keltischer Pfad, bekannt als St. Patrick's Pfad, Croagh Patrick mit Dublin und wird in seiner Fortsetzung über die irische Meerenge zur Strasse des Bran. Diese beiden alten Wege folgen ungefähr einer Linie, welche das Herzzentrum von Irland mit dem Herzzentrum von Britannien verbindet und in die Geometrie der beiden Energieräder eingebunden ist.

Britannien ergänzt die vierfältige Teilung in Irland durch eine Einteilung in fünf Sektoren mit zehn Strahlen oder Speichen. Diese bilden in der Landschaft eine Rose mit fünf oder zehn Blütenblättern sowie auch ein Dekagon[60]. Es ist daher nicht verwunderlich, dass die Rose das Emblem Englands ist. Sie ist auch ein Symbol für Intelligenz als der ergänzenden Polarität zu Weisheit. Die «Strasse des sehr heiligen Hauptes des Bran» folgt der Linie von zwei der fünf Haupteinteilun-

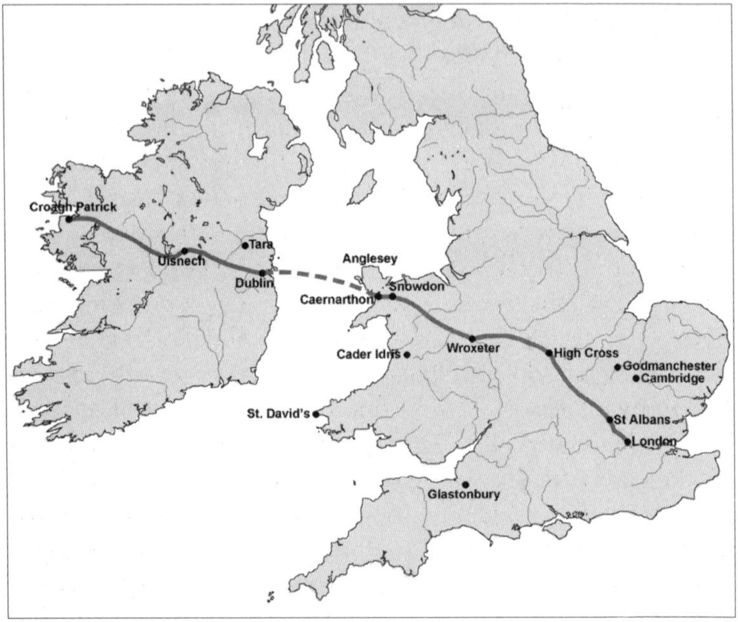

Abb. 16: St. Patrick's Pfad und die Strasse des Sehr Heiligen Hauptes des Bran.

gen und führt von Snowdonia über High Cross nach London. Die beiden wichtigsten römischen Strassen wurden auf vier der Speichen gebaut, Watling Street folgt der Strasse des Bran, und Fosse Way verband Lincoln und Bath direkt miteinander. High Cross liegt an der Stelle, wo sich all diese Strassen auf dem in der Mitte von Britannien liegenden Hügel kreuzen, woher der Name «High Cross» (Hohes Kreuz) stammt. Wie Uishnach ist auch der Hügel von High Cross nicht hoch, beherrscht aber dennoch ein Panorama von vielen Meilen im Umkreis. Die «Rose» von Britannien ist auf einer Nord-Süd-Achse ausgerichtet, die die Römer «Achse von Britannien» nannten und an deren südlichem Ende die wie ein Diamant geformte Isle of Wight liegt.

Als ich die Landschaftstierkreise jedes dieser Länder erforschte, fand ich interessanterweise, dass die Hauptstädte, sowohl von Britannien, d.h. London, als auch Irland, d.h. Dublin, jeweils im Bereich des Schützen in ihren Landschafts-Zodiaks liegen. Nachdem es der Schütze ist, in dem sich das Zentrum der Milchstrassen-Galaxie, d.h. unserer Galaxie befindet, scheint diese Tatsache sehr bedeutsam zu sein. Ausserdem fand ich zu meiner grossen Freude, dass der Bereich Britanniens, der als «Shakespeare-Land» bezeichnet wird, weil William Shakespeare dort gelebt hat, mit der Konstellation von Cygnus, dem Schwan, zusammenfällt. Der Dichter Ben Jonson beschreibt Shakespeare als «den süssen Schwan von Avon». Ich weiss wohl, dass Shakespeare mehr bedeutet, als auf den ersten Blick sichtbar wird, und dass er und sein Mythos mit den historischen Rosenkreuzern des 17. Jahrhunderts verbunden sind. In der Landschaft rund um Sratford-upon-Avon, Shakespeare's Heimatstadt, gibt es ein gewaltiges Energiekreuz, das von doppelten oder dreifachen Leylines gebildet wird und in seiner Gestalt exakt dem Sternbild Cygnus gleicht, einem Sternbild, das auch unter dem Namen Kreuz des Nordens bekannt ist. Eine weitere erfreuliche Entdeckung machte ich in Bezug auf Iona, die heilige Insel, die ich liebe und oft besuche: Ich habe dort häufig eine Verbindung mit dem Stern Sirius gefühlt. Nun stellte ich fest, dass Iona tatsächlich im schottischen Tierkreis dem Sirius entspricht.

Es ist jedoch nicht der Zweck dieses Buches, über die Landschaft der Europa oder des europäischen Stiers im Einzelnen Auskunft zu geben, sondern vielmehr das Gralskönigreich zu beschreiben, was ich jetzt tun möchte.

Der Landschaftstempel des Gralskönigreiches

Als Landschaftsformen stellen Britannien, Irland und Schottland die Europa dar, während das europäische Festland dem Stier entspricht. Europa und der Stier sind die Eltern von Hermes/Merkur, dem goldenen Kind. Diese Eltern sind, mit den Bezeichnungen der Mythen gesprochen, der Gralskönig und seine Königin – Artus und Guinevere. Nachdem die Gralskönigin in einer Beziehung auch der Heilige Gral ist und als solche mit der Landschaft verbunden, so wird ihr Land auch im besonderen mit dem Heiligen Gral gleichgesetzt. Das bedeutet, dass die Landschaft der Europa (d. h. Britannien, Irland und Schottland) in dieser Geschichte als der Heilige Gral angesehen wird. Aber der Titel «Heiliger Gral» wird auch dem Kind zuerkannt, das die Gralskönigin geboren hat und dessen Vater der Gralskönig ist. Und es ist diese Landschaft, die das goldene Kind zum Ausdruck bringt, welchen ich für den Landschaftstempel halte, den ich «Gralskönigreich» genannt habe. Da er sich vom Norden Schottlands bis zum Süden Frankreichs erstreckt, wird er zu einem Teil von der Landschaft der Europa und zum anderen von derjenigen des Stieres gebildet. Ausserdem verläuft seine Achse direkt durch das Halschakra des Stieres, das Herzzentrum von Frankreich, und betont so die symbolische Funktion von Taurus, der das Halszentrum regiert und das Wort Gottes «hinausbrüllt». Merkur, was «das wahre Wort» bedeutet, der das goldene Kind von Europa und dem Stier ist, verkörpert dieses Wort. Die weitere Bedeutung und Bestätigung dieser Thesen wird im Schlusskapitel dieses Buches diskutiert, wenn wir uns das planetare Dodekaeder anschauen.

Genau wie der menschliche Körper besteht auch das Gralskönigreich aus drei Hauptbereichen und bietet dadurch eine Manifestation der Heiligen Dreifaltigkeit. Dies ist nicht ungewöhnlich, sondern normal und in Übereinstimmung mit dem göttlichen Archetyp aller lebendigen Formen, wonach jede derartige Form in ihrer Natur dreifaltig ist und sein muss. Im menschlichen Körper bilden Brust, Kopf und Bauch diese drei Bereiche. Die Brust ist der Sitz des Lebens und der Liebe. Das Haupt ist der Sitz des Denkens und der Intelligenz. Der Bauchraum beherbergt demgegenüber den Sitz der Willenskraft und der Tat. Diese Körperbereiche und ihre Funktionen werden von drei Alta-Major-Chakren regiert, die sich auf die göttlichen Prinzipien von Liebe-Weisheit, Intelligenz und Willenskraft beziehen und diese zum Ausdruck bringen. Sie bestimmen den zyklischen Lebensprozess von Emotion, Gedanke und Handlung, die aus einem anfänglichen Impuls aufsteigen und sich im Verlauf der menschlichen Entwicklung in Liebe, Verständnis und Dienen verwandeln.

Das alchemistische Symbol für den göttlichen Merkur stellt diese Dreifaltigkeit dar: Das Sonnensymbol in der Mitte bezeichnet den Brustraum und die von dort ausgehende Liebesstrahlung, die Weisheit ist, der aufgehende Mond darüber bezeichnet das Haupt und die Widerspiegelung im Mind, die Intelligenz ist, und das Kreuz darunter bezeichnet den Bauchraum und die Willenskraft, welche Aktivität in den vier Elementen der Materie hervorruft. Die Alchimisten bezeichneten diese drei Bereiche als den höchsten (Brust), den höheren (Kopf) und den niederen (Bauch), denn in dieser Reihenfolge funktioniert der Lebensprozess. Sie beziehen sich auf die drei Reiche, die der griechische Mythos Himmel, Welt und Unterwelt nennt und mit den alchemistischen Symbolen als Luft (Himmel, Brust, Liebe-Weisheit, Geist), Wasser (Welt, Kopf, Intelligenz, Seele) und Erde (Unterwelt, Bauch, Willenskraft, Körper) bezeichnet.

Anfänglich neigen Menschen zu der Annahme, der Kopf sei der höchste Bestandteil des menschlichen Wesens. Aber das stimmt nicht mit den Tatsachen überein. Die Weisheitslehren weisen klar auf das Herz als Sitz des Göttlichen und Quelle

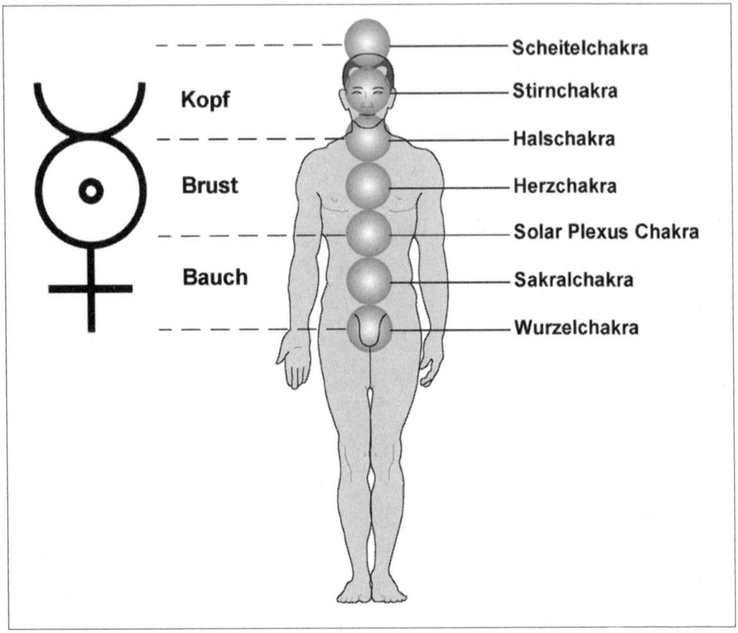

Abb. 17: Die Chakren und die Hauptzonen des menschlichen Körpers.

des Lebens hin. Gott ist Liebe, und der Sitz der Liebe ist das Herz, das Herzchakra. Weisheit, Intelligenz und Willenskraft bilden die Dreifaltigkeit dieser alles umschliessenden Liebe. Das Herz des Menschen ist das Zentrum der Wahrheit, aus welchem die Dreifaltigkeit wie eine Sonne hinausstrahlt, um die dreifache Form des menschlichen Wesens in einer dreifaltigen Art und Weise zu beleben, zu erleuchten und zu beherrschen. Der Punkt in der Mitte des Sonnenkreises im Merkur-Symbol bezeichnet das Herzzentrum als Quelle von Leben und Licht, die sonnenförmig daraus hervorstrahlen. Dann reflektiert der Kopf als der Mind dieses Licht ebenso, wie der Mond das Sonnenlicht widerspiegelt, und stellt s sich bildlich vor, denkt darüber nach und gibt ihm so Form und Richtung. Die zeugenden Kräfte des Willens, die ihren Sitz im Bauchraum haben, setzen die Ideen in die Tat um.

Aus dieser dreifachen Aufteilung der menschlichen Form ergeben sich die sieben Hauptchakren der Wirbelsäule. Davon sitzen je eine am oberen und unteren Ende der Wirbelsäule als Scheitel- und Wurzelchakra. Diese bilden die notwendige Polarität des Körpers. Die drei Zentren der drei hauptsächlichen Körperbereiche bilden Herz-, Stirn- und Sakralchakra. Und an den beiden Punkten, an denen sich die drei Teile treffen, (d. h. zwischen Bauch und Brustraum sowie zwischen Brust und Kopf) liegen das Solarplexus-Chakra bzw. Halschakra.

Das gleiche Muster unterliegt allen vollkommenen oder «heiligen», d.h. ganzen (englisches Wortspiel: holy = heilig bedeutet whole = ganz [Anm. d.Ü.]) Lebensformen, die dadurch Tempel oder Mikrokosmen des Makrokosmos sind. Das Merkur-Symbol ist somit eine Hieroglyphe für den göttlichen Archetyp und in Bezug auf das Gralskönigreich besonders bedeutungsvoll, weil dieses der Landschaftstempel ist, der Merkur darstellt. Mit den Worten des Gralskönigreiches bilden die drei Länder England/Britannien, Schottland und Frankreich die drei Hauptbereiche des Landschaftstempels. England enthält das Herz- und Halschakra und bildet damit die «Brust». Schottland enthält das Stirn- und Scheitelchakra und ist somit der «Kopf». In Frankreich befinden sich das Wurzel-, das Sakral- und das Solarplexus-Chakra, womit dieses Land den «Bauchraum» darstellt. Bemerkenswert ist, dass der Ärmelkanal ein natürliches «Zwerchfell» zwischen Bauch- und Brustraum bildet.

Ferner gibt es auch eine dreifache Einteilung quer durch den Körper – rechts, links und Mitte –, die sich ebenfalls auf die Heilige Dreifaltigkeit bezieht. Die rechte Seite ist mit dem schöpferischen Prinzip von Liebe-Weisheit verbunden, der erleuchtenden Lebenskraft. Die linke Seite hängt mit dem empfänglichen und reflektierenden Prinzip der Intelligenz zusammen, dem formgebenden und ausdrucksformenden

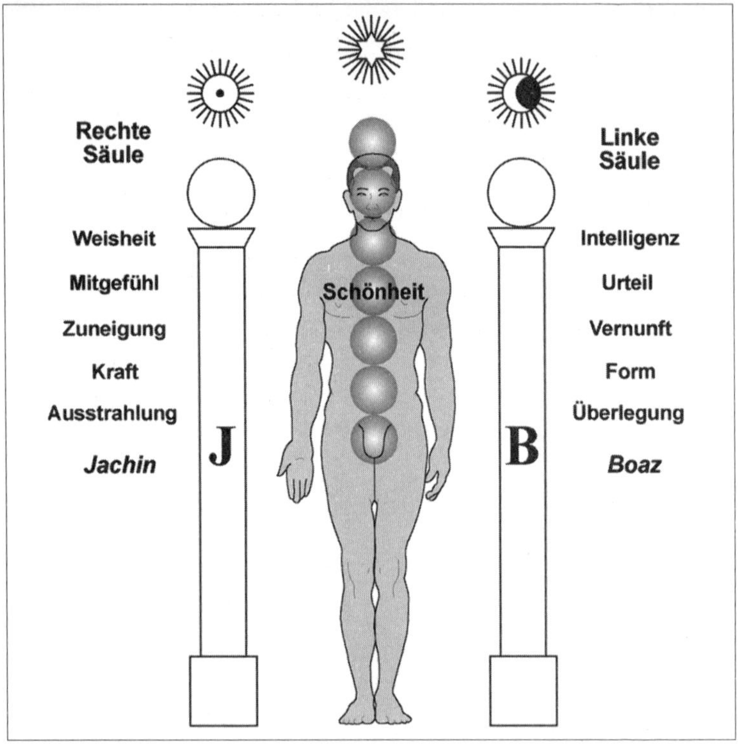

Abb. 18: Die drei Säulen.

Lebensaspekt. Die Mitte steht in Zusammenhang mit Willenskraft und Tat. Die vertikale Dreiteilung kreuzt sich mit der horizontalen Dreiteilung, ihre Prinzipien verschmelzen miteinander und bilden neun abgegrenzte Bereiche, die ihren eigenen Charakter und Einfluss haben und die im Zusammenhang mit der Folge der sieben Hauptchakren auf der Wirbelsäule betrachtet werden müssen.

Die jeweils rechte und linke Seite des europäischen Gralstempels werden von den Ländern und Staaten westlich bzw. östlich der Gralsachse von England, Schottland und Frankreich gebildet. Wie schon im ersten Kapitel des Buches

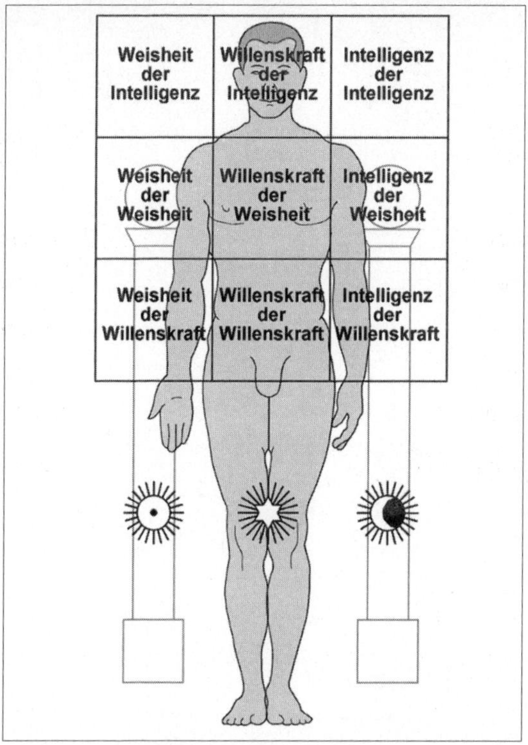

Abb. 19: Die neun Zonen.

erwähnt, haben die Menschen, die im Westen des Gralskönigreiches leben, eine Tendenz zu einer mehr freifliessenden, poetischen Natur entwickelt als diejenigen im Osten. Demgegenüber bringen die im Osten lebenden Menschen eher eine Tendenz zu präzisem und gut organisiertem, diszipliniertem Handeln und einer intellektuellen Gesellschaft zum Ausdruck als jene im Westen.

Dies sind natürlich nur ganz allgemeine Muster und Tendenzen, und das Ganze wird erst farbig durch die unterschiedlichen Ausprägungen aufgrund der Chakren des Gralskönigreiches sowie auch durch das Vorhandensein kleinerer, lokaler Landschaftstempel und individueller oder familiengeprägter Unterschiede. Trotzdem ist es wichtig, das übergreifende Muster zu erkennen; denn in ihm liegt ein Schlüssel zu einem besseren Leben in einer besseren Welt.

Die sieben Hauptchakren des Gralstempels

Die Wirbelsäule des Gralskönigreiches besteht aus einer breiten Achse ätherischer Energie, die vom Golfe du Lion in Südfrankreich zum Kap Wrath in Nordschottland verläuft. Auf dieser Wirbelsäule liegen die sieben Hauptchakren des Gralskönigreiches. Jedes dieser Hauptchakren ist in sich selbst ein vollständiger Landschaftstempel, der mit einem kleineren Mikrokosmos von Chakren ausgestattet ist. Wie die Chakren im menschlichen Körper, so beziehen sich auch diejenigen des Gralskönigreiches (und jedes Landschaftstempels) auf sieben unterschiedliche Bereiche der Körper-Landschaft und regieren die sieben hauptsächlichen Lebensfunktionen sowie die sieben Ebenen oder Typen des Bewusstseins.

Aus diesem Grunde kann jemand, der die Achse des Gralskönigreiches hinaufreist, sieben verschiedene «Länder» erkennen, die jedes mit seiner eigenen Kultur, Architektur und einem besonderen Verhaltensmuster ausgestattet sind: Von der Südküste Frankreichs in die Täler und Vulkankegel des Massif Central, von dort in die weiten Ebenen Nordfrankreichs, über den Ärmelkanal in die sanften Hügel, Täler und in das Flachland von Südengland, weiter in die zerklüfteten Moore und Berge Nordenglands, durch das Grenzgebiet ins Tiefland und die Gebirgsketten Südschottlands, bis man schliesslich das majestätische Hochland Nordschottlands mit seinen gewaltigen Bergriesen, spiegelglatten Seen («Lochs») und weit offenen Tälern erreicht.

1. Das Wurzelchakra

Der Eingang zum Tempel des Gralsreiches befindet sich im Mittelmeer. Man betritt ihn durch ein Tor, das zu beiden Seiten von den Gebirgszügen der Alpen bzw. Pyrenäen bewacht wird. Dort liegt das Wurzel- oder Basischakra des Gralskönigreiches im Golfe du Lion und der ihn umgebenden Küstenlandschaft. Den Hauptfokus auf dem Festland bildet jedoch Les-Saintes-Maries-de-la-Mer auf der Südspitze der Camargue an der Rhône-Mündung. Dies ist der wichtigste Versammlungsort der romanischen Zigeuner, die sich hier einmal jährlich zu ihren grossen Festen treffen und deren Patronin die Schwarze Madonna ist, die sie «Heilige Sara» nennen. Es werden aber auch die drei Marien verehrt, die hier etwa 44/45 n. Chr. gelandet sind – Maria Jakobi, Maria Salome und Maria Magdalena.

Die aus dem 12. Jahrhundert stammende Kirche Notre-Dame-de-la-Mer in Les-Saintes-Maries-de-la-Mer ist ein bemerkenswertes Werk ausgefeilter romanischer Architektur, dessen hauptsächlichen Anziehungspunkt und Pilgerzentrum der unterirdische Altar mit der Statue der Heiligen Sara in der offenen Krypta am Ostende der Kirche bildet. Der Hochaltar, auf einer erhöhten Plattform über der Krypta, mit der Statue der gesegneten Jungfrau Maria, der Weissen Madonna, und einer Kuppel darüber, wird kaum zur Kenntnis genommen. Der Ort, an dem die Statue von St. Sara in der Krypta steht, ist symbolisch gesehen der absolut richtige Platz für die Darstellung der Schwarzen Madonna. Die Architektur dieser Kirche illustriert diese Symbolik und die Qualitäten eines Wurzelchakras auf wunderschöne Weise.

Nach der Legende waren die Heiligen Marien des Meeres drei an der Zahl:

1. Maria Jacobi, eine Kousine der Jungfrau Maria,
2. Maria Salome, die Frau des Zebedäus und Mutter der Apostelbrüder Jakobus des Älteren und Johannes, des Lieblingsjüngers, und

3. Maria Magdalena. Sie landeten hier mit einem Boot zusammen mit verschiedenen anderen Jüngern Jesu, unter denen auch Martha und ihr Bruder Lazarus waren.

Von Sara, welche die Tradition als «schwarze» Ägypterin beschreibt, heisst es, dass sie die Jünger entweder schon auf der Reise vom Heiligen Land her begleitete oder aber sie bei ihrer Landung am Strand willkommen hiess. Die letztere Erzählung, nach der Sara an dieser Küste bereits lebte, als die Jünger dort ankamen, kommt den Tatsachen wahrscheinlich näher, da Historiker annehmen, dass ein römisches Fort, das den Namen des ägyptischen Gottes Râ trug, damals den Platz der heutigen Stadt Les-Saintes-Maries-de-la-Mer einnahm.

Nach ihrer Landung trennten sich die Jünger und schlugen verschiedene Richtungen ein, um das Evangelium zu verbreiten. Zurück blieben nur Maria Jakobi und Maria Salome, die schon älter waren und Sara, die als Dienerin bei ihnen blieb. Martha, die Schwester des Lazarus, ging einige Meilen weiter nach Tarascon, wo sie ein Flussungeheuer, Tarask, besänftigt haben soll, indem sie ihm das Zeichen des Kreuzes entgegenhielt. Lazarus wandte sich ostwärts nach Marseilles, wo er Bischof wurde. Maximus wanderte nach Aix. Maria Magdalena ging noch weiter landeinwärts bis zu dem Gebirgszug der Sainte Beaume, östlich von Marseilles. Dort lebte sie als Einsiedlerin 30 Jahre lang in einer Höhle hoch oben in der nach Norden weisenden Steilwand. Nach ihrem Tode wurde ihr Körper in Saint Maximin begraben, wo man später eine Basilika baute.

Maria Jakobi und Maria Salome liessen sich mit Sara in Râ nieder und erbauten dort ein gallo-römisches Heilgtum sowie ein christliches Bethaus. Als sie starben, wurden sie auch dort begraben, die beiden Marien Seite an Seite, Sara nicht weit davon. Im 9. Jahrhundert erbaute man hier eine Kirche, deren Hochaltar sich über den Gräbern der beiden Marien befand. Diese Kirche wurde dann durch diejenige aus dem 12. Jahrhundert im romanischen Stil ersetzt, die heute noch dort steht. 1448 baute König René, Graf von Provence, eine bemerkenswerte Krypta in diese Kirche: er liess Ausgrabungen durchführen, bei welchen er die Gräber der drei Heiligen fand und legte dann den Fussboden der Krypta unmittelbar über diese. Die Kirche und das im Umkreis entstehende Dorf wurde Notre-Dame-de-la-Mer («Unserer Lieben Frau des Meeres») geweiht. Der Name erhielt sich so bis ins 19. Jahrhundert und wurde dann zu Ehren der drei Marien, die dort gelandet waren (Maria Jakobi, Maria Salome und Maria Magdalena) in «Les-Saintes-Maries-de-la-Mer» umbenannt.

Die Heilige Sara wird jedoch an diesem Ort auch sehr verehrt, vor allem von den Zigeunern, deren Patronin sie ist. Die Zigeuner kamen ursprünglich aus Nordwestindien, wo sie einen der Nomadenstämme jener Region bildeten. Sie wanderten dann um 1000 n.Chr. gen Westen und erreichten Europa etwa im 12. oder 13. Jahrhundert. Da sie eine auf Sanskrit aufbauende Sprache hatten (Romany) erkannten sie Sara leicht als Sarai oder Sri, auch bekannt als Sarasvati, Gemahlin oder Shakti Brahmas. Ihr besonderer Ort ist das Muladhara oder Wurzelchakra. In der hinduistischen Tradition ist sie auch als die Göttin Kundalini bekannt, die wie schlafend im Wurzelchakra schlangenartig aufgerollt liegt und darauf wartet, dass das Liebe-Licht Brahmas sie weckt und zur Tätigkeit anregt. Sobald sie freigesetzt ist, steigt sie als Leben spendende und erleuchtende Energie die Wirbelsäule empor und bringt stets sich weitendes Bewusstsein, Erleuchtung und Freude. Es ist somit nicht erstaunlich, dass die Zigeuner die Heilige Sara an diesem zauberhaften Ort Les-Saintes-Maries-de-la-Mer, dem Wurzelchakra des Gralskönigreiches, verehren.

Sri kann nicht nur einen Aspekt der Dreifachen Göttin, sondern ebenso diese als Ganzes bedeuten. Dann ist sie die Gemahlin von Narayana, dem Gott der Götter, welcher der dreifaltige Gott der Hindus, Brahma-Vishnu-Shiva, ist, dem die Heilige Dreifaltigkeit des Christentums entspricht. Damit ist Sri sowohl Sarasvati, Gattin Brahmas, als auch Lakshmi, Gattin Vishnus und ebenso Parvati, Gemahlin Shivas. Sarasvati, Lakshmi und Parvati entsprechen den drei Marien der christlichen Tradition, die durch die drei Marien von Les-Saintes-Maries-de-la-Mer dargestellt werden.

In der christlichen Überlieferung ist die Jungfrau Maria die «Weisse Jungfrau», Tochter Annas, der «Schwarzen Jungfrau». Anna personifiziert den tiefen dunklen Raum oder die Leere ,aus der und in der alle Dinge in die Form kommen – d.h. die ursprüngliche Göttliche Mutter. Maria, (lateinisch: mare, französisch: mer) heisst Meer und stellt die «Wasser» oder Materie dar, die im dunklen Schoss des Raumes erscheint und vom Geist Gottes zum Leben erweckt wird, wenn Er darüber hin gleitet. Als Ergebnis dieser Befruchtung des göttlichen Ozeans der Materie wird Licht geboren – das Göttliche Licht, das der Sohn Gottes ist und das Meer/die Mutter zum Leuchten bringt, so dass es/sie «weiss» wird. In der christlichen Überlieferung stellt Jesus, der Sohn Marias, dieses Licht dar. Somit ergibt sich eine Folge aus Anna – Maria – Jesus, die Leere – Wasser – Licht entspricht. Die Ägypter stellten Isis als Entsprechung sowohl der Schwarzen Jungfrau wie auch der Weissen Jungfrau dar, und ebenso kann Sri als beide angesehen werden.

Daher ist es offensichtlich nicht zufällig, dass Sara sowohl als Vertreterin der Schwarzen Mutter als auch der Zigeuner angenommen wurde. Letztere sollen Abkömmlinge der Alten Ägypter sein, die ihr Land «Kemit», d.i. «Schwarze Erde» nannten, was soviel wie «Urmaterie» oder «dunkler Mutterschoss allen Lebens» bedeutet. Sara wird als Ägypterin und auch als schwarz beschrieben und die Zigeuner verehren sie unter dem Namen «Sara la Kali». Damit erkennen sie sie als die Grosse Göttin der Hindus, Kali, die Universelle «Schwarze» Mutter allen Seins.

2. Das Sakralchakra

In der nördlichen Auvergne schmiegt sich der Fokus des Sakralchakras des Gralskönigreiches in die Vulkankuppeln des Massif Central. Diese Gegend Frankreichs ist berühmt wegen ihrer wunderschönen Landschaft mit bewaldeten Hügeln und klaren Seen, glitzernden Flüssen in tiefen Tälern, erlesenen romanischen Kirchen sowie sanft geschwungenen vulkanischen Hügelketten und einem milden Klima. Das Chakra hat sein eigentliches Zentrum auf dem Puy de Dôme, jedoch mit einem starken Fokus in der nahe gelegenen Stadt Clermont Ferrand.

Der Puy de Dôme ist der älteste, höchste (1465 m) und auffälligste Vulkangipfel oder «Puy» im nördlichen Teil der Bergkette der Auvergne, einer Gegend, die als ganze «Les Monts Dômes» heisst. Er war während Tausender von Jahren ein Heiliger Berg, den die Kelten verehrten, lange bevor die Römer dort oben im 1. Jahrhundert nach Christus ihren gewaltigen Merkurtempel über einem älteren gallischen Heiligtum zu Ehren des Gottes Lugh errichteten. Dies war eines der berühmtesten Heiligtümer in ganz Gallien und der römische Tempel beherbergte ein sagenhaftes Standbild des Merkur, das nach Plinius dem Älteren von dem griechischen Bildhauer Zenodoros um das Jahr 60 v. Chr. geschaffen worden und 18 Meter hoch war!

Unmittelbar östlich des Puy de Dôme liegt die Stadt Clermont Ferrand mit ihrer grossartigen gotischen Kathedrale aus schwarzem Vulkangestein, während man vom Gipfel des Puy aus am fernen östlichen Horizont den schneebedeckten Mont Blanc, den ursprünglichen Olymp Europas, glitzern sieht.

Die Stadt Clermont Ferrand, die Hauptstadt der Auvergne, liegt einige Kilometer genau östlich des Puy de Dôme. Sie wurde auf einem alten, heiligen Hügel namens Clair-Mont («der leuchtende Berg») gegründet.

Die gotische Kathedrale, die auf der Kuppe des Clair-Mont steht und die man über einen Prozessionsweg erreicht, der sich aus der Richtung des Puy de Dôme zum Westportal der Kathedrale aufwärts schlängelt, ist der Jungfrau Maria unter dem Namen «Notre Dame» (Unsere Liebe Frau) geweiht. Die Stadt diente zunächst den Druiden und dann den Römern als Hauptstadt der Auvergne und hatte sogar eine Zeitlang einen Rom ebenbürtigen Status. In christlicher Zeit wurde Clermont Ferrand der Ort, an dem die Lehre über die Jungfräuliche Mutter (die gesegnete Jungfrau Maria) zuerst aufkam, indem man die Idee der jungfräulichen Empfängnis und Geburt besonders herausstellte. Dies war ebenfalls der erste Ort in der Christenheit, an dem eine Statue der thronenden Mutter mit dem Kind aufgestellt wurde, und zugleich der Ausgangspunkt für grosse Pilgerwege des Marienkultes, der sich in die ganze Auvergne ausdehnte. Die Hügel und Täler des Massif Central sind mit Kapellen, Kirchen und heiligen Plätzen übersät, die dem Jungfrau-Mutter-Prinzip gewidmet sind.

Ausserdem wurde von Clermont aus der erste von den Merowingern inspirierte Kreuzzug gepredigt und ausgesandt, der die Rückerorberung Jerusalems für das Merowingergeschlecht und die Christenheit zum Ziel hatte. Die Merowinger behaupteten ihre Abstammung einerseits aus der Familie Jesu, und somit aus der Blutslinie Davids und andrerseits aus einer königlichen Linie, die von Noah und den Hebräern abstammte und über die Trojaner und Arkadier zu ihnen führte. Aus diesem Grund hielten sie sich für die Priester-Könige und rechtmässigen Erben des Thrones von Jerusalem und Palästina. Sie waren Abkömmlinge der Familie Jesu, welche etwa 44 – 45 nach Christus mit dem Schiff in Les-Saintes-Maries-de-la-Mer landete. Im Besonderen scheinen sie ihre Abstammung von dem Kind oder den Kindern von Jesus und Maria Magdalena behauptet zu haben. Ihr Hauptsymbole waren der Bär und das Rote Kreuz, das sie als ihr «Geburtszeichen» ausgaben.

Beide beschriebenen Ereignisse passen gut zur Funktion eines Sakralchakras, das mit den zeugenden oder schaffenden Kräften sowie dem Willen zur Tat zu tun hat.

3. Das Solar-Plexus-Chakra

In den nördlichen Ebenen Frankreichs, dem alten Land Bélisima (Beauce), liegt der Fokus des Solar-Plexus-Chakras des Gralskönigreiches. Dieser Fokus wird von Chartres bestimmt. Der Name «Chartres» leitet sich ab von «Carnut-Is», dem alten, heiligen Zentrum der Carnuten, der «Wächter des Steines». In druidischen Zeiten wurde in einem Eichenhain auf ansteigendem Gelände, «Platz der Starken» genannt, ein heiliger Stein errichtet, der das Goldene Kind der Bélisima, der «allerschönsten Dame», darstellte. Heute steht dort die gotische Kathedrale von Chartres, die der Himmelfahrt der Jungfrau Maria (Bélisima) geweiht ist.

Beauce wurde das Land der Heiligen genannt. Es ist das Heilige Land in Nordfrankreich und war seit frühesten Zeiten sein wichtigstes Heiligtum zu Ehren der Jungfräulichen Mutter. Neben einem Eichenhain und einem aufrechten Stein auf dem Gipfel des Berges gab es einst dort eine Grotte mit einer Heiligen Quelle: somit symbolisierte der Stein das Kind der Bélisima, während die Grotte und Quelle sie selbst darstellte – oder wenigstens ihren Schoss. Diese Grotte wurde in die Fundamente und Krypta der frühesten Kathedrale auf diesem Platz einbezogen, so dass sich darüber der Chor und der Hochaltar erhoben. Die Quelle wurde in einen von Menschen geschaffenen Brunnen eingebaut, der unter dem Namen «Puits des Saints Forts» («Brunnen der starken Heiligen») bekannt war, aber leider während der französischen Revolution zerstört wurde.

In der Krypta befand sich eine Statue der Virgo Paritura, d. h. der «Jungfrau, die gebären wird». Sie war aus Birnenholz geschnitzt und stellte eine sitzende weibliche Figur mit einem männlichen, in ihrem Schoss stehenden Kind dar.

Diese Statue ist seitdem durch eine modernere ersetzt worden, jedoch ist die Verehrung des Standbildes und dessen, was es bedeutet, so stark wie eh und je.

Im Jahre 876 schenkte der Sohn Karls des Grossen, Karl

der Kahle, Chartres die Sancta Camissa, die heilige Tunika, welche die Jungfrau Maria bei der Geburt Jesu getragen haben soll und betonte damit noch stärker die Rolle der Mutterschaft, die Chartres repräsentiert.

Chartres wurde auch eine der hervorragendsten scholastischen Institutionen Europas, als Fulbert 990 v. Chr. dorthin kam und die Kathedralschule von Chartres gründete. Diese Schule folgte der platonischen Tradition, die lehrte, dass man Gott nur durch Wissen wirklich erreichen könne. Während des Episkopates von Fulbert brannte 1020 die karolingische Kathedrale nieder und man ersetzte sie durch eine romanische, die viel grösser war und vor allem die grösste Krypta Frankreichs barg. Die aufgehenden Gebäudeteile davon wurden 1194 jedoch wieder durch Feuer zerstört. Daraufhin erbaute man die heute bestehende gotische Kathedrale – ein Meisterwerk sakraler Architektur, das in sich selbst ein steinernes Testament darstellt. Es enthält ein ungeheures Wissen, bereit für all jene, die zu lernen bereit sind.

Der Hügel (der Platz der Starken), auf dem die Kathedrale thront, besteht aus Granit und erhebt sich aus einer Kalksteinebene, was eine mächtige Alchemie hervorruft: denn Granit ist vorwiegend hartes, feuerhaltiges Felsgestein mit hohem Quartzanteil, während Kalk ein weiches Gestein ist, das überwiegend aus den kalkhaltigen Überresten früherer Meerestiere besteht. Der erstere steht daher zum Feuerelement und zur Männlichkeit in Beziehung, während der letztere das Wasserelement und die Weiblichkeit versinnbildlicht. Auf diese Weise bildet der Hügel von Chartres ein Gleichnis des Urbildes des Männlichen im Weiblichen, so wie die Linie im Kreis, der Lingam in der Yoni oder das männliche Kind im weiblichen Schoss.

Während das Sakralchakra mit Zeugung und Hervorbringung von Aktivitäten zu tun hat, geht es im Solar-Plexus-Chakra um das Nähren des Kindes im Mutterleib (wie um Ernährung überhaupt) und um Geburt.

Ausserdem ist es der Ort der Prüfung und Verwandlung

des persönlichen Ego, an welchem das niedere Selbst stirbt, um dem höheren Selbst zur Geburt zu verhelfen. Ein christliches Symbol dafür ist das Kruzifix; und so ist es bezeichnend, dass Süd- und Zentralfrankreich an allen Strassen und Wegen mit Kapellen und Statuen der Madonna mit dem Kind übersät ist, während Nordfrankreich an deren Stelle vorwiegend Kruzifixe aufweist.

4. Das Herzchakra

Das Herzchakra des Gralskönigreiches wird von Frankreich durch den Ärmelkanal getrennt und liegt im weiten Tal der Themse in Südengland, beschützt von den Auen der Süd- und Nord-Downs (Tiefebenen). Der Kanal ist, wie das Zwerchfell im menschlichen Körper, Ausdruck eines ätherischen Schleiers zwischen dem Solar-Plexus-Chakra und dem Herzchakra. Dessen Fokus ist London und hier befindet sich nach der Überlieferung Artus' Hauptsitz, sein königlicher Thron, da der Sitz des Göttlichen stets im Herzen liegt. Die Tudorherrscher keltischer Abstammung erweckten dieses historische Ideal im 16. Jahrhundert wieder zum Leben, und das britische Volk hat auch heute noch ein Überbleibsel dieses Ideals in seinem Königtum – der König oder die Königin sind nämlich sowohl Oberhaupt des Staates wie auch der Kirche.

Die alten Bretonen nannten London «Caer Troia Nova» («Sitz des neuen Troja»), dessen Schutzgöttin Guinevere/Ceridwen (d.h. Athene) war. Die Stadt war ferner Lludd, dem keltischen Vatergott des Lichtes, geweiht, von dem die Römer ihren Namen dafür ableiteten: Londinium oder Lludds Stadt. Das Zentrum der Stadt, das die St. Paul's Kathedrale bezeichnet, ist Mittelpunkt eines gewaltigen Energiekreises – eines Chakras von Vitalität und Licht, das sich nach Süden bis zum Ärmelkanal ausdehnt. Sechs wichtige weitere

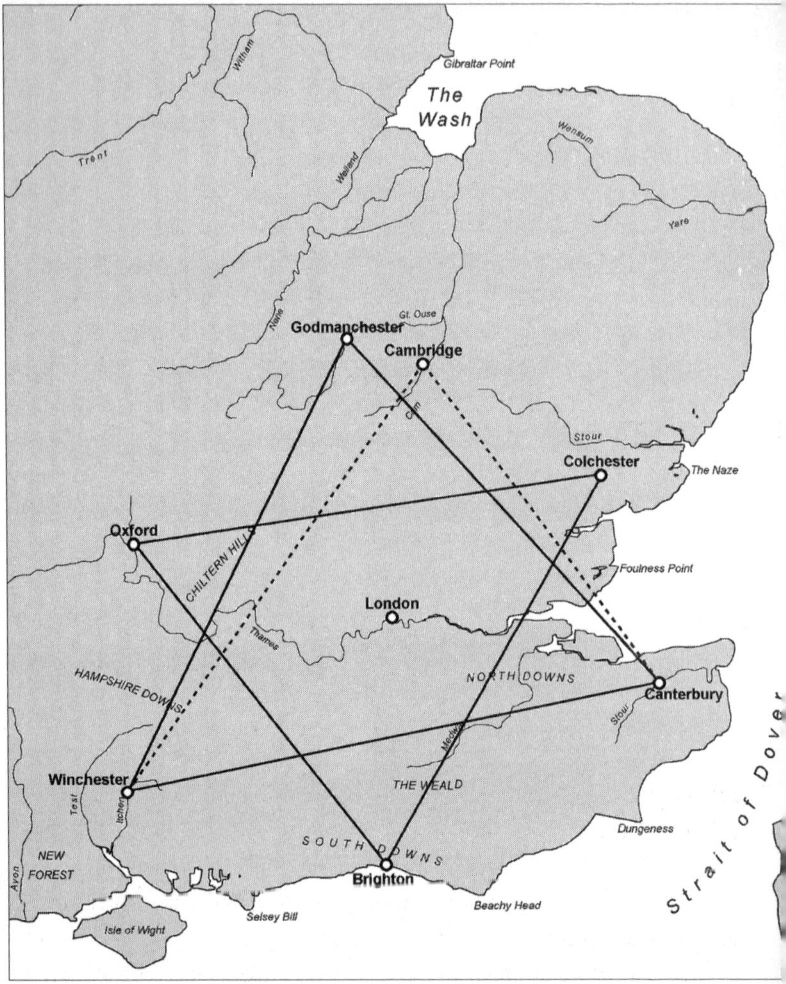

Abb. 20: Der Stern von London.

Lichtzentren umgeben London im Kreis in diesem Tempelrad: Cambridge, Colchester, Canterbury, Brighton, Winchester und Oxford. Mit Ausnahme von Cambrigde (das in dieser Beziehung das keltische Zentrum von Godmanchester ersetzt und wenige Meilen vom idealen geometrischen Punkt

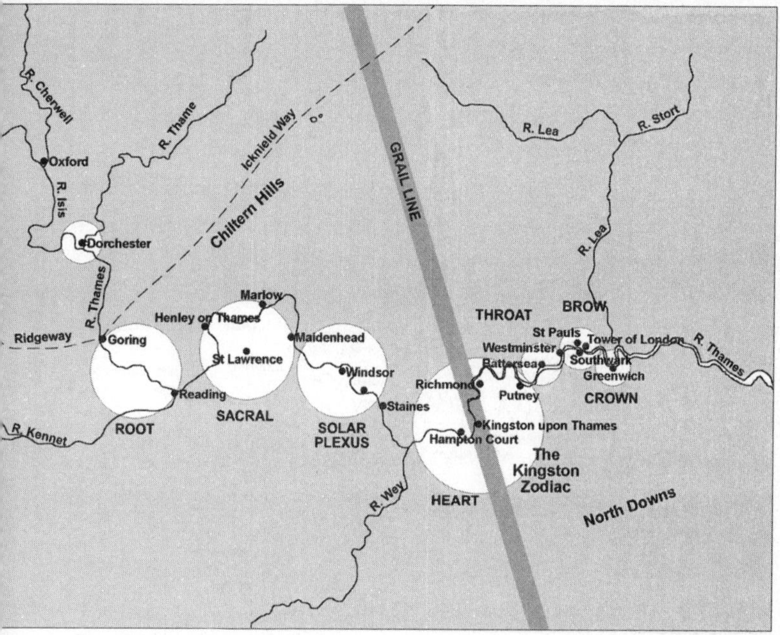

Abb. 21: Der Landschaftstempel von London und der Themse.

entfernt liegt) bilden diese Lichtzentren die Endpunkte der Strahlen eines Sechssternes – eines Christus- oder Davidssterns, der Taube – mit London in der Mitte. Der Sechsstern und seine Erweiterung auf zwölf Punkte oder «Blütenblätter», ist ein klassisches Symbol für ein Herzchakra.

London und sein nahe Umgebung bilden einen kleineren Landschaftstempel im grösseren des Herzchakras des Gralskönigreiches, dessen Haupt die City von London und dessen Wirbelsäule die Themse ist.

Dieser Landschaftstempel der Themse erstreckt sich entlang des Themseflusses von den Chiltern Hills im Westen nach London-City und in die den Gezeiten ausgesetzte Themsemündung im Osten. Das Herz dieses königlichen Landschaftstempels liegt bei Kingston-upon-Thames, wo

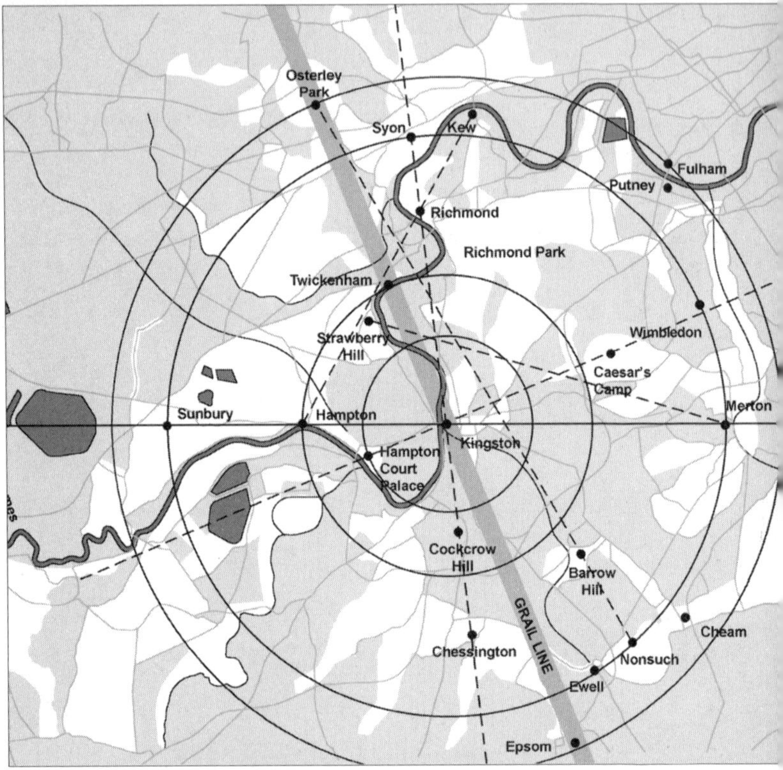

Abb. 22: Der Tierkreis von Kingston.

einst der heilige Stein stand, auf welchem die angelsächsischen Könige Englands gekrönt wurden. Kingston-upon-Thames ist in Form einer Taube angelegt, die diesen Krönungsstein in ihrem Schnabel hält. Dies ist ein altes Symbol des Heiligen Geistes, der die Taufe durch Licht vollzieht. Die Taube von Kingston (d.h. «Stein des Königs») sitzt im Zentrum eines Landschaftszodiak mit einem Durchmesser von ungefähr zwölf Meilen, dessen zwölf «Geschöpfe» durch natürliche und von Menschen gemachte Formen gut sichtbar und auch durch passende Namen erkennbar sind.[61] In der Tudorzeit, als die Artus-Legenden eine grosse Wiederbelebung erfuhren, wurde dieser Tierkreis auch wieder bewusst genutzt.

Der Grosse Hund (Canis Major) ist in dieser Landschaft ebenfalls dargestellt, wo er den ätherischen Schleier und Torweg zwischen dem Kingston Zodiak, als dem Herzchakra, und Windsor, als dem Solar-Plexus-Chakra des Themse-Landschaftstempels bewacht. Windsor[62], ein keltisches Heiligtum, das die Normannen befestigt haben, ist der persönliche Sitz des Gralskönigs und somit auch der Ritter und Damen des Runden Tisches. Der Orden von St. Georg und der Tafelrunde wurde von Eduard III. neu gegründet und «der sehr edle Orden des Heiligen Georg und des Garter» (eines noch älteren Ordens von König Artus und dem Runden Tisch), genannt. Er hat seinen Sitz in Windsor. Ausserdem hat die jetzige britische Königsfamilie dort ihr persönliches Heim, geradeso, als ob sie der Tradition König Artus' folgen wollte.

Aber Westminster, das auf dem Tothill («Hügel des Gesetzes») auf der alten Dorneninsel flussabwärts von Windsor und Kingston erbaut wurde, ist seit den Zeiten Eduard's des Bekenners das Zentrum der Regierung und des königlichen Zeremoniells, in dem die öffentliche Proklamation und Krönung des Souveräns stattfindet. Westminster Abbey ist St. Peter, der «Stimme» oder dem Sprecher der Apostel, gewidmet und bezeichnet das Halschakra im Themse-Landschaftstempel. Die Kirche liegt über einem früheren keltischen Heiligtum und heiligen Kreis, die Hu geweiht waren und die Cäsar als Heiligtum Apollo's, des Sonnengottes, beschrieb. Hier erscheint der Herrscher von Britannien dem Volk als das inkarnierte Wort. Als Kehlkopfzentrum des Themse-Landschaftstempels ist es ein «Stierzentrum»[63]. In den nahe gelegenen Feldern fand jeweils, wenn die Sonne astrologisch im Zeichen des Stiers stand, der Mai-Jahrmarkt statt, zusammen mit den kriegerischen trojanischen Spielen[64].

Weiter flussabwärts liegt die Altstadt von London, die sich um den Ludgate Hill gruppiert, auf dem die St. Paul's Kathedrale steht. Diese Kathedrale ist auf ein druidisches Heiligtum und einen heiligen Kreis gebaut, welche Ceridwen geweiht waren, die die Römer hier in ihrer Bedeutung als Diana, die Mondgöttin, ansahen. Im Symbolismus des hermetischen Merkur bezeichnet die Sonne das Herz und die Brust einschliesslich des Halses, während der Mond das Haupt mit dem Stirnchakra repräsentiert. Die christliche Weihe an den Apostel Paulus folgt dieser Tradition, weil St. Paulus der «Denker» und «Gelehrte» unter den Aposteln war.

Das Scheitelchakra des Themse-Landschaftstempels liegt bei Greenwich, wo der internationale Meridian von Greenwich gut und passend angebracht ist, um von dort aus Zeit und Ort für den Erdball festzulegen.

Die zentrale Achse des Gralslinie besteht aus mehreren parallelen Energieströmen, hat eine gewisse Breitenausdehnung und enthält auch einen sich schlängelnden Fluss von Kundalini-Energie. Sie verläuft durch Kingston-upon-Thamse. Der Landschaftszodiak um Kingston ist so angelegt, dass die Achse der Gralslinie nicht nur durch die Kirche von Kingston geht. Sie durchquert auch Osterley Park im Norden, der den Wassermann darstellt und Epson, das im Süden am Zusammentreffen von Löwe und Jungfrau liegt und markiert damit genau den Augenblick im Zyklus der rund 26 000 Jahre, an dem wir gerade jetzt in das Wassermannzeitalter eintreten.

5. Das Halschakra

Versteckt in den wunderschönen, doch zerfurchten Tiefen der Moore von Yorkshire, in Nordengland, liegt der Fokus des Kehlkopfchakras im Gralskönigreich. Sein zentraler Punkt findet sich auf Great Whernside, der höchsten Erhebung in dieser wildromantischen Gegend von Yorkshire. An der Westseite dieses Bergrückens entlang läuft ein lokaler Landschaftstempel. Dessen Wirbelsäule folgt einem schmalen Tal, durch welches der Fluss Wharfe fliesst und das noch nicht von Menschen verdorben ist. Am unteren Ende des Landschaftstempels im Wharfetal liegt das Kloster Bolton, das im 12. Jahrhundert von Augustiner Kanonikern erbaut wurde, unmittelbar südlich des Great Whernside und ebenfalls im zentralen Fluss der Gralslinie. Die Yorkshire Dales beherbergen viele ähnliche Klöster und Abteien, erbaut von Augustinern und Zisterziensern, welche wegen des Friedens und der Stille hierher kamen, um ihre Gebete darzubringen und ihre gregorianischen Choräle zu singen. Unter dem Gesichtspunkt des Halschakras des Gralskönigreiches ist die Landschaft von Yorkshire ein sehr guter Raum, da das Kehlkopfchakra nicht nur mit Sprechen und Singen sondern, ebenso sehr mit Lauschen zu tun hat.

Hier scheint sogar die Landschaft musikalisch zu schwingen.

6. Das Stirnchakra

Edinburg stellt den Mittelpunkt des Stirnchakras im Gralskönigreich dar. Es liegt auf dem Südufer des Firth of Forth in Schottland. Diese königliche Stadt, Sitz der schottischen Könige und Hauptstadt von Schottland, enthält noch einen «Sitz König Artus'», aber nicht den Königsthron von Artus, der sich in London befindet. Dieser Sitz, der «Arthur's Seat» heisst und in Holyrood Park liegt, wird in der Landschaft ausgedrückt durch einen aussergewöhnlichen vulkanischen Hügel, der wie ein gigantischer, schlafender Löwe aussieht, welcher nach Norden blickt. Dieser grosse Hügel war in keltischer Zeit befestigt wie ein Camelot König Artus'.

Artus ist ein Priesterkönig, und dieser sein Sitz in Edinburg kann als Artus' Thron in seiner Eigenschaft als Hoher Priester im Gralstempel verstanden werden, gleichbedeutend mit dem Bischofsthron, der im Presbyterium oder Stirnchakra einer Kathedrale steht. Es ist der Platz, an dem die Menschen die Vision des Lichtes empfangen und verstehen können, und von wo aus der ganze Tempel regiert wird. Das Stirnchakra ist der Fokus für Wahrnehmung und Regierung.

Die Stadt Edinburg hat ihren Namen von einem anderen Vulkan, der nach drei Seiten steil abfällt und der den westlichen Ausläufer der hauptsächlichen Vulkankette von Artus' Seat bildet. Auf diesem kleineren Felsenhügel ist die Burg und die mittelalterliche Stadt von Edinburg gelegen. Der Name der Stadt leitet sich ab von Edenburgh, «die Stadt Eden». Eden (keltisch Y-Don = «Auge» oder «Berg des Herrn») bezieht sich auf den heiligen Berg, auf dem Festung und Stadt erbaut sind. Auf dem höchsten Punkt des Felsens steht die Kapelle der Heiligen Margarete, geschützt von einer kunstvollen Burganlage, die sie umgibt. Margarete bedeutet «Perle» und bezieht sich auf die in der Bibel erwähnte «äusserst kostbare Perle», Symbol der Seele, die die Braut des Herrn ist. Als Archetyp entspricht sie Guinevere, der Göttin-Gemahlin Artus'.

Dieser Paradieshügel ist das Zentrum einer Gruppe von sieben heiligen Hügeln (einschliesslich Artus' Seat), über die sich das moderne Edinburg jetzt ausgebreitet hat. Dadurch bildet die Stadt einen gewaltigen Drachen mit sieben Häuptern in der Landschaft. Der Körper dieses Drachen-Landschaftstempels wird von den magischen Pentland Hills gebildet

7. Das Scheitelchakra

Das Scheitelchakra des Gralskönigreiches findet sich im fernen Norden Schottlands, noch hinter den Grampian Mountains in einer Gegend Schottlands, die «Assynt Area» heisst. Hier liegt eine mystische Landschaft mit hohen Bergen, die sich von Meereshöhe erheben und wie einsame Wächter jeder für sich stehen, umgeben von weit offenen Tälern und spiegelgleichen Lochs und Fjorden, die die herrliche Schönheit und exquisiten Farben von Landschaft und Himmel spiegeln. Hier öffnet sich das Land zum grösseren Kosmos. Das Bewusstsein kann sich weiten, und der Geist sich hinaufschwingen in das Universum.

Nicht weit von Cape Wrath und umgeben von seinen einsamen Wächtern, steht der Grosse Berg, Ben More Assynt, als majestätischer Mittelpunkt des Kronenchakras im Gralskönigreich. Hier ist der nördliche Thronsitz der Grossen Herren der Natur, der Herren von Zeit und Raum, sowie des Höchsten Herrn, dessen Gemahlin Maria oder Maja, die Wunderschöne, ist.

Krone und Wurzel sind Polaritäten zueinander. Sie dienen deshalb vorzugsweise als Thronsitze des Herrn und seiner Braut, während sich dazwischen ihr Königreich erstreckt. Ihr Ursprung, ihre Harmonie und Einheit jedoch residieren geheim und liebevoll auf dem Thron ihres Herzens. Ihre gemeinsame Manifestation des Lichtes aber vollzieht sich im Zentrum des Hauptes und erschafft in seiner Ausgiessung den Heiligenschein oder die Krone der Erleuchtung. So ist der Heilige Gral.

VIII. KAPITEL

Die Entdeckung des Ätherkörpers der Erde

Bourges, das Herz Frankreichs

Viele Jahre sind seit der ersten Vision des Gralskönigreiches vergangen, und während dieser Jahre wurde viel Forschungsarbeit geleistet, zahlreiche geomantische Pilgerreisen inbegriffen. Die Beschreibung des Gralskönigreiches in diesem Buch ist kurz, aber ausreichend, um eine Vorstellung davon zu vermitteln, was es darstellt, wo die Hauptchakren liegen und welche Funktion es in der Welt haben mag. Dieser Landschaftstempel hat, soweit ich es feststellen kann, auch drei Alta-major-Chakren. Es ist jedoch dasjenige Alta-major-Chakra, das im Bauchraum liegt – das Hara oder Gravitations- und Willenskraftzentrum – das uns in dieser Geschichte besonders beschäftigt.

Das Bauch- oder Nabel-Alta-major-Chakra des Gralskönigreiches liegt in der Mitte von Frankreich und hat sein Zentrum auf der Stadt und Kathedrale von Bourges. Die gewaltige gotische Kathedrale Saint Etienne, nahe am Gipfel eines uralten heiligen Hügels erbaut, dominiert die ganze Gegend. Ähnlich wie Chartres, jedoch in viel grösserem Massstab, ragen dieser Hügel und seine Kathedrale wie ein Leuchtturm aus der Mitte einer ausgedehnten Ebene in den Himmel. Strassen strahlen von ihm aus wie die Speichen eines Rades, obgleich die moderne industrielle Entwicklung und Wohnbebauung viel von ihrer ursprünglichen Grossartigkeit überwuchert hat. Die Franzosen nennen diese Stadt «Le Coeur de France» («Das Herz Franreichs»).

In früheren Zeiten war Bourges die Hauptstadt des keltischen Stammes der Bituriger, von denen es hiess, dass sie von den sterblichen Repräsentanten des Königs der Welt, des Herrn der Zeitalter, regiert würden. «Bitu» bedeutet «Welt» oder «Zeit», und «Riger» bedeutet Könige. Die Bituriger waren somit der Stamm der «Könige der Zeit» oder «Könige der Welt», deren Herrschaftsgebiet die zentrale Provinz Galliens war. Diesen Titel trugen ihre Hochkönige, die auf dem Hügel von Bourges gekrönt wurden, dem heiligen Mittelpunkt ganz Galliens. Damit verbanden sie sich bewusst mit dem spirituellen König oder Herrn der Welt, von dem gesagt wurde, dass er auf dem Gipfel des Weltenberges im Zentrum der Welt selbst residiere.

Bourges scheint ein altnordisches Wort zu sein, das soviel wie «Gipfel» oder «Scheitelpunkt» bedeutet, und vermutlich wurde die Stadt von den Normannen so genannt, um ihre traditionelle Rolle und geomantische Lage deutlich zu machen: Denn Bourges ist tatsächlich das französische Gegenstück zum Berg Atlas oder Berg Meru, dem heiligen Berg und der Achse der Welt, die den Gipfel allen Strebens darstellt. Darüber hinaus ist Bourges das Zentrum, d.h. der okkulte Pol eines gewaltigen Landschafts-Zodiak, der von Menschen ausgelegt ist und fast ganz Frankreich bedeckt. Das Wissen darüber wurde den Mönchen der frühen christlichen Kirche gemäss einer französischen Überlieferung von den Gefolgsleuten des heiligen Columba übermittelt.[65] Dieses Wissen beruhte auf druidischen, d.h. keltischen Kenntnissen über die Erde. Dank dieser Kenntnisse oder entsprechend diesem grundlegenden Plan wurden in den folgenden Jahrhunderten Kirchen, Abteien und Kathedralen so gebaut, dass sie die Sterne der nördlichen Himmels-Hemisphäre darstellten. Damit folgte man in Bezug auf die Architketur und Geomantie der hermetischen Maxime «wie oben, so unten, zum Vollbringen des grossen Werkes». Das will besagen, dass Frankreich ganz bewusst als ein Abbild des Himmels auf Erden angelegt wurde – wie es tatsächlich in Ländern und Landschaften der ganzen Welt der Fall gewesen ist.

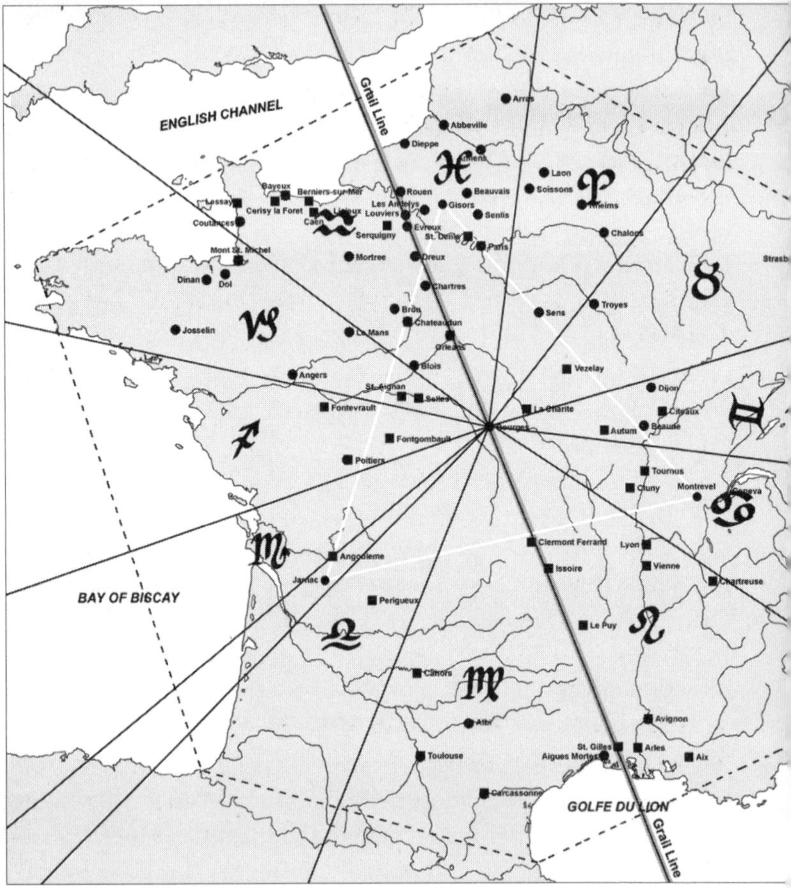

Abb. 23: Landschaftszodiak Frankreichs nach Gérard de Sede.

Ausser der Tatsache, dass Bourges das Herz Frankreichs genannt wird, ergibt sich der Beweis seiner geomantischen Wichtigkeit und der Existenz des umgebenden Landschafts-Tierkreises aus verschiedenen Quellen, beispielsweise aus einer Landkarte, die von Gérard de Sede in seinem Buch «Les Templiers sont parmi nous» («Die Templer sind unter uns») veröffentlicht wurde und die ich erstmals in Elizabeth van Buren's Buch «The Sign of the Dove» («Das Zeichen der Taube») aus dem Jahre 1983 entdeckte. Diese Karte zeigt Frankreich aufgeteilt in 13 Bereiche, die sich auf die 12 Tierkreiszeichen plus dem 13. Zeichen des Ophiachos beziehen, mit Bourges als Mittelpunkt. Die einzige Linie, die gerade von einer Seite zur anderen durch das Zentrum läuft (d.h. eine diagonale Achse bildet), ist eine Linie, die mit der Gralslinie übereinstimmt. Diese Karte zeigt nicht nur, dass die Gralslinie durch Frankreich verläuft, sondern auch die Bedeutung von Bourges als Zentrum des über Frankreich ausgebreiteten Tierkreises.

Gérard de Sede's Zodiak unterscheidet sich von demjenigen, den ich untersuche, und folgt dabei anderen Schlüsseln und französischem Volkswissen, aber a) gibt es keinen Grund, warum nicht zwei unterschiedliche Layouts nebeneinander bestehen sollten und b) bestätigt die Landkarte Gérard de Sede's sowohl die Gralslinie als auch den französischen Zodiak mit seinem Mittelpunkt in Frankreich und zeigt, dass diese auch anderen bekannt waren. Beide Tierkreise sind in Bezug auf die Gralslinie äusserst bedeutungsvoll, wenn auch auf verschiedene Weise. Um sie beide zu verstehen, bietet die astrologische Einteilung des Zodiaks in gleich grosse Abschnitte für jedes Zeichen keinen angemessenen Zugang, sondern man muss vielmehr die astronomische ungleiche oder «wirkliche» Aufteilung zugrundelegen, in der der Tierkreis in 12 Sektoren eingeteilt wird, je nachdem, wieviel Raum jedes darin vorkommende Sternbild wirklich einnimmt.

Im Tierkreis Gérard de Sede's bildet die Gralslinie die «Sphinxlinie», d.h. sie verläuft durch den Berührungspunkt von Löwe und Jungfrau im Süden. Die Sphinx ist eine allegorische Kreatur mit einem Löwenkörper, Leo, und einem Menschenhaupt, Virgo, und bildet so ein Symbol, das demjenigen des Merkur gleichzusetzen ist, der die Sonne für den Brustraum und den Mond für das Haupt sowie ein Kreuz für den Bauchbereich zeigt. Der französische Nord-Süd-Meridian, der durch Paris läuft, sticht in diesem Zodiak besonders hervor, weil er durch den Berührungspunkt von Fische und

Wassermann läuft und somit genau die Zeitqualität bezeichnet, in der wir uns jetzt befinden, wo wir nämlich vom Fische-Zeitalter ins Wassermann-Zeitalter hinüberwechseln.

Im Tierkreis, den ich erforsche, ist die Kathedrale Notre Dame von Paris ein Stern im Sternbild Jungfrau und Vézelay ein Stern in der Konstellation des Grossen Bären, während die Gralslinie die Berührung zwischen Waage und Skorpion im Norden und zwischen Widder und Fischen im Süden markiert. Dieser Treffpunkt zwischen Widder und Fischen ist der sogenannte «Widderpunkt», ein archetypischer Zeitanzeiger, der tatsächlich vor ungefähr zweitausend Jahren die damals aktuelle Tierkreiszeit innerhalb des 26 000-Jahreszyklus des Phönix anzeigte, als nämlich das Fische-Zeitalter begann und Jesus geboren wurde. Das bedeutet, dass in diesem alternativen französischen Zodiak die Gralslinie durch Les-Saintes-Maries-de-la-Mer die Zeit Jesu anzeigt und damit den Beginn des Fische-Zeitalters, als die Jünger Jesu in Les-Saintes-Maries-de-la-Mer landeten und ihre Mission dort begannen.

Der Name, den die Römer der Stadt Bourges gaben, war «Avaricum», was soviel bedeutet wie «Stadt, die reich an Wasser ist». Der Hügel von Bourges ist nämlich nicht nur ein reichlicher Wasserspender durch die zahlreichen Quellen, die unterhalb seines Gipfels entspringen, sondern er war auch von Flüssen und Marschen umgeben. Die Flüsse Yèvre und Aveyron fliessen hier zusammen. Die Stadt hatte einen Hafen und war aussergewöhnlich wohlhabend. Sie war ein berühmtes Zentrum der Schmiedekunst in den Jahren von ungefähr 450 bis 52 v. Chr., was weitgehend den reichen Eisenvorkommen in der Gegend zu verdanken war. (Interessanterweise ist Vulkan, ein olympischer Gott, der mit der Unterwelt und dem Zeugungsprinzip der Willenskraft in Verbindung steht, ein hervorragender Schmied.)[66] Die Hauptstadt Galliens war auf den Hängen des Hügels um den Gipfel herum gebaut und gut befestigt mit einer gewaltigen Stadtmauer. Caesar bschrieb Avaricum als die schönste, mächtigste und reichste Stadt ganz Galliens. Um die Bituriger zu besiegen,

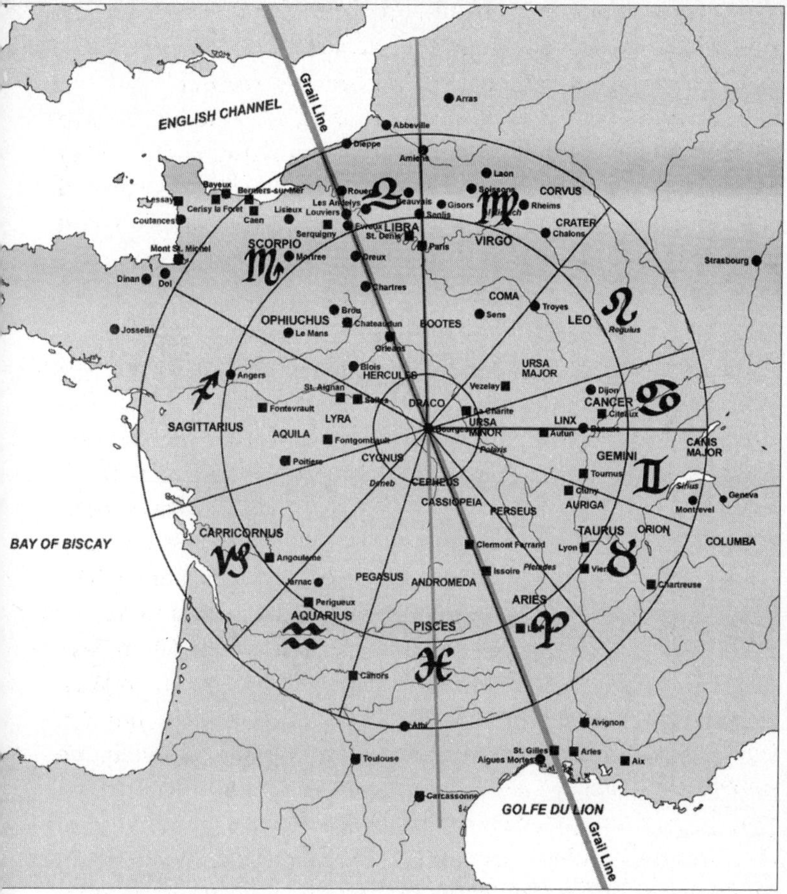

Abb. 24: Zweiter Landschaftszodiak Frankreichs nach dem Autor.

zerstörte er dennoch im Jahre 52 v. Chr. diese herrliche Stadt und ermordete ihre 40000 Einwohner. Danach wurde den unterworfenen Biturigern gestattet, ihre Hauptstadt wieder in Besitz zu nehmen. Die Stadt wurde dann im römischen Stil neu erbaut. Sie entwickelte sich zu einer reichen gallo-romanischen Stadt und Hauptsitz der römischen Provinz Avaricum, eines Teils von Aquitanien.

Die neue Stadtplanung orientierte sich am typischen römischen Gittermuster und erstreckte sich an der nordwestlichen Seite des Hügels vom Fluss und Marschland an seinem Fusse bis zu seinem Gipfel. Dabei benutzte man vier der keltischen Strassen, die strahlenförmig von der alten keltischen Stadt ausgegangen waren. Eine dieser Strassen – eine gerade Strasse, die vom geometrischen Herzzentrum der Stadt geradeaus in nordöstlicher Richtung verlief (ca. 26° Ost von Nord), spielte im römischen Stadtplan eine besondere Rolle. Der Architekt Caesar's richtete die neue römische Stadt in der Weise aus, dass ihre kreuzende Achse mit dieser Strasse einen Winkel von 36° bildete. Die Längsachse der Stadt, die im Winkel von 90° zu dieser kreuzenden Achse verläuft, wurde demnach mit 54° zu dieser Strasse orientiert. Das ist ein Hinweis darauf, dass man pentagonale Geometrie benutzte, um die Stadt mit dem ursprünglichen Strassensystem und der Landschaft in Beziehung zu setzen (siehe Karte). Die südwestlich aus der Stadt führende Strasse wurde ebenfalls in diese Geometrie einbezogen, aber in einer subtileren oder komplexeren Weise. (Über 1000 Jahre später wurde der Plan der gotischen Kathedrale des 12. Jahrhunderts ebenfalls auf pentagonaler Geometrie aufgebaut.)

Im Laufe der folgenden Jahrhunderte wurde die Stadt mit einer stark befestigten Wallanlage umgeben, die am Ende ihres Ausbaus mit 50 Türmen bewehrt war und vier grosse Tore besass. Das Südost-Tor befand sich auf dem Gipfel des Hügels am oberen Ende der Hauptachse der Stadt. Im 12. Jahrhundert wurde dieses Tor durch einen mächtigen Rundturm ersetzt, der als Stadtgefängnis oder Burgverlies diente. Die gallo-romanische Befestigungsanlage folgte ungefähr der Ausdehnung des römischen rechtwinkligen Strassengitters (bestehend aus 7 x 4 Quadraten), jedoch wurde gegen Ende des 12. Jahrhunderts eine zweite neue Mauer hinzugefügt, die die Befestigungen der Stadt im Osten, Norden und Westen bis an die Flüsse ausdehnte und das Marschland in die neuen

Mauern einbezog, nachdem es durch einen Kanal trockengelegt worden war.

Im 15. Jahrhundert wohnte einer der berühmtesten Franzosen in Bourges in einem bedeutenden Stadtpalast. Er hiess passenderweise Jacques Coeur. Er war ein grosser Abenteurer und Handelsherr, ausserdem aber auch Philosoph und oberster Finanzberater des französischen Königs, Charles VII. Er und Jeanne d'Arc waren hauptsächlich dafür verantwortlich, dass Frankreich für den französischen König zurückerobert und zu einer starken Nation gemacht wurde – Johanna durch den Krieg, Jacques durch Handel und Geld. Nach dem Tode von Jean, Herzog von Berry (des Herzogtums, dessen Hauptstadt Bourges war[67]), der Bourges zu einem anerkannten Zentrum der schönen Künste gemacht hatte, fiel das Herzogtum an den Dauphin, der 1422 Charles VII. wurde, «der König von Bourges», bevor er zum König von Frankreich gekrönt wurde. Berry und seine Hauptstadt Bourges wurden für Charles zur Basis, von wo aus er sein Königreich von den Engländern zurückeroberte.

Ein Denkmal mit einer Statue von Jaques Coeur, das vor seinem Palast steht, legt Zeugnis nicht nur von ihm ab, sondern auch von dem Prinzip, das mit dem Alta-Major-Chakra des Nabels verbunden ist und mit der Art und Weise, wie es zum Ausdruck gebracht werden sollte. Die Statue zeigt Jaques als Finanzminister mit einem grossen Geldsack in seinem rechten Arm, aus dem er goldene Münzen ausschüttet, um sie mit andern zu teilen. Geld und Gold sind Symbole für Macht, die geteilt und nicht begehrt und gehortet werden sollten. Wie der englische Philosoph Sir Francis Bacon so weise gesprochen hat, ist Geld wie Mist und nur gut, wenn es ausgestreut wird.

Das planetare Dodekaeder

Als ich 1990 den deutschen Geomanten, Handwerksmeister und Gründer und Leiter der «Neuen Geomantie Akademie Anima Mundi Altenkirchen (N.G.A.A.M.A.)» Siegfried Prumbach zum ersten Mal traf, teilte ich mit ihm meine Forschungsergebnisse über die Gralslinie und ihre Chakren und sagte ihm auch, dass ich meinte, Bourges sei ihr Hara- oder Nabelzentrum. Er seinerseits erzählte mir von seiner Entdeckung einer Erdenergie-Linie oder Leyline, die er «kosmische 33°-Linie» genannt hatte. Dieses zukunftsträchtige Treffen sollte für mich zur endgültigen Bestätigung der Wichtigkeit und Realität der Gralslinie führen. Allerdings sollten noch acht Jahre vergehen, bevor ich dies erfahren sollte, und in dieser Zwischenzeit machten ich und andere weiterhin unsere Pilgerreisen auf der Gralslinie. Dann traf ich Siegfried 1998 wieder, und er teilte mit mir die aufregende Entdeckung, die er während dieser dazwischen liegenden Jahre als Ergebnis unserer vereinten Forschungen gemacht hatte.

Siegfried entdeckte zuerst die kosmische 33°-Linie, als er eine geomantische Analyse eines romano-keltischen Tempels in Kornelimünster bei Aachen durchführte. Er verfolgte diese Linie mit der Rute weiter in nordwestlicher Richtung durch Aachen bis nach Leiden in Holland, wo sie in der Nordsee verschwand. Südostwärts verlief die Linie weiter nach Nettersheim, Baden-Baden, Tuttlingen, zur Insel Reichenau bei Konstanz, nach St. Gallen in der Schweiz, Ravenna in Italien und darüber hinaus. Siegfried nannte diese Linie «Kosmische 33°-Linie», weil sie an dem Ort, wo er sie zuerst entdeckte, in einem bedeutungsvollen Winkel von 33° gegen Norden verlief.

Nach seinem ersten Treffen mit mir im Jahre 1990 fragte sich Siegfried, wo die Gralslinie und die kosmische 33°-Linie sich wohl in einiger Entfernung von der Küste von Nordwest-Schottland treffen würden. Dies ist in der Tat ein Punkt nicht

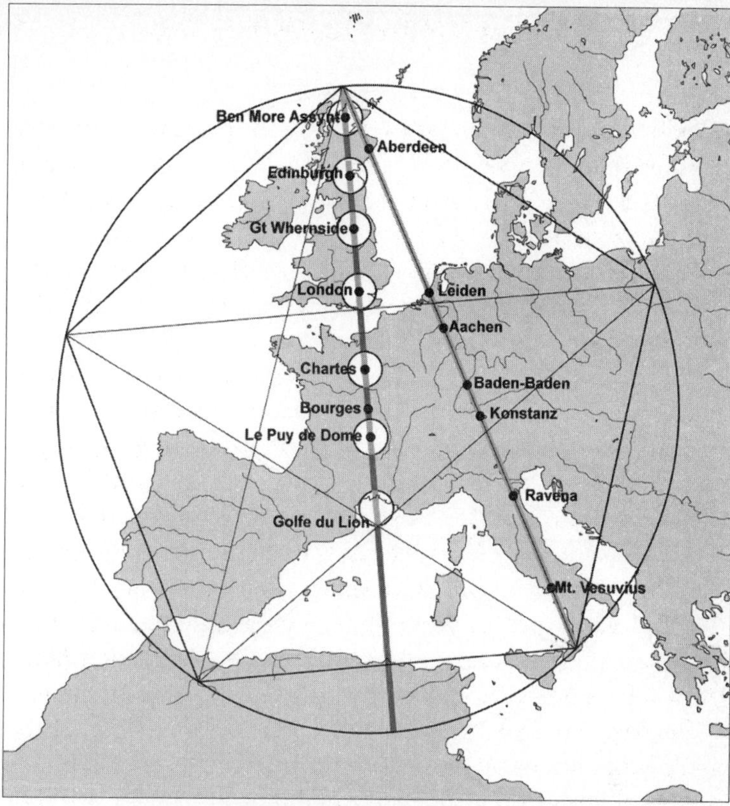

Abb. 25: Das Gralskönigreich als Pentagon.

weit von Cape Wrath, dem am meisten nordwestlich gelegenen Cap Schottlands. Als er dies auf der Karte eintrug, bemerkte Siegfried, dass die beiden Linien zwischen sich einen Winkel von 18° bildeten. Weil 18° die Hälfte des Winkels eines Pentagramms und ein Viertel eines solchen in einem Pentagon ist, inspirierte ihn diese Tatsache zu dem Gedanken, dass diese beiden Linien zu einem besonderen geometrischen Muster auf der Erdoberfläche gehören könnten, auf welches der berühmte griechische Philosoph Plato hingewiesen hatte. Von mir nahm Siegfried den Hinweis auf, dass Bourges ein

Harazentrum ist, und nachdem das Hara das Zentrum eines Pentagramms darstellt, welches symbolisch den Menschen widergibt, brachte die Verknüpfung dieser Ideen Siegfried zu der Entdeckung, dass die Grals- und die kosmische 33°-Linie tatsächlich Teile der Geometrie eines Pentagramms sind, das sich über Westeuropa ausbreitet und Bourges zum Zentrum hat.

In dieser Landschaftsgeometrie umgibt und zeichnet das fünfseitige Pentagon, das dieses Pentagramm umschliesst, genau diejenige Landschaft, die ich immer als die Ausdehnung des Gralskönigreiches verstanden hatte, während das innere Pentagon, das man innerhalb des Pentagramms durch dessen Schnittlinien bilden kann, die Landschaft von Frankreich exakt einschliesst. Noch bemerkenswerter ist die Tatsache, dass der nördliche Arm des Pentagramms fast genau die Landschaft von Grossbritannien (d.h. England, Wales und Schottland) umschliesst, deren Küstenlinie dieser dreieckigen Gestalt folgt, während die Chakren des Gralskönigreiches mit den Chakren eines gewaltigen «Menschenwesens» übereinstimmen, das symbolisch durch dieses Pentagramm in der traditionellen Weise dargestellt werden kann.

Das bedeutet: Wenn der Scheitelpunkt des Pentagramms des Gralskönigreiches die Spitze einer konischen Krone auf dem Haupt eines riesenhaften Menschen darstellt, der auf dem Rücken in dieser Landschaft liegt, dann sind die Chakren des Gralskönigreiches, die auf der Gralslinie liegen, die Chakren auf der Wirbelsäule eben dieses Menschen. Die Spitzen des Pentagramms, welche die Zehenspitzen der beiden Füsse des Riesen bezeichnen, liegen im Atlasgebirge an der Grenze zwischen Marokko und Algerien (rechter Fuss) und bei Crotone am Südende von Italien (linker Fuss). Der Zeigefinger der linken Hand liegt bei Königsberg (Kaliningrad) in der russischen Enklave in Litauen, nahe der polnischen Grenze, während die rechte Hand westlich der Bucht von Biscaya in den Atlantik hinauszeigt. Bourges markiert den Nabel des Riesen und das Zentrum des Pentagramms, während die Gralsli-

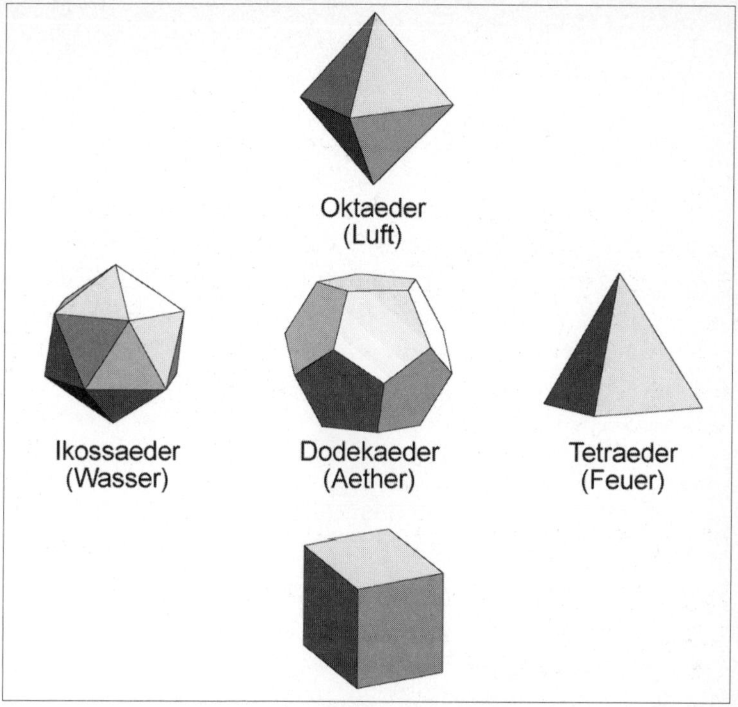

Abb. 26: Die fünf Platonischen Körper.

nie seine Wirbelsäule oder Achse darstellt.

Aber das ist noch nicht alles. Die absolut erstaunliche Entdeckung, die Siegfried im Weiteren machte, indem er einen Globus als Modell der Erde benutzte, ging dahin, dass es tatsächlich möglich schien, das Pentagon des Gralskönigreiches geometrisch zu seiner nächsten proportionalen Grösse vermittels des Pentagramms auszudehnen und mit zwölf dieser neu gewonnenen Pentagone die Erde vollständig zu bedecken. Dies konnte in der Weise geschehen, dass sich die Seiten eines Pentagons nahtlos an die Seiten des jeweils anschliessenden anfügten. Das besagt, dass dieses grössere Pentagon – als natürliche Ausdehnung desjenigen des Grals-

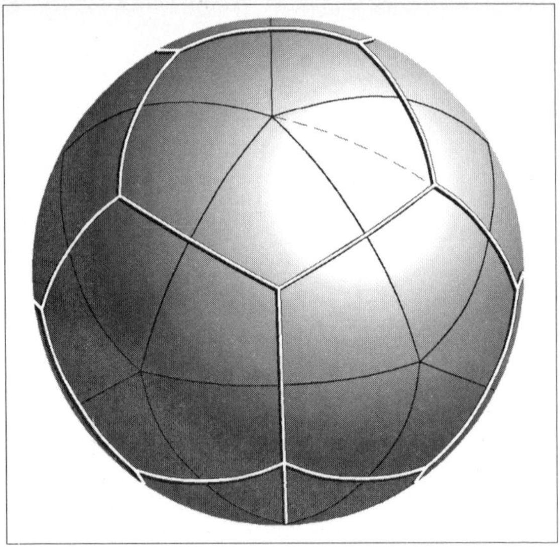

Abb. 27: Sphärischer Dodekaeder.

königreiches – eine der zwölf pentagonalen Facetten des sphärischen Dodekaeders zu bilden schien. Wenn das wahr wäre, würde es auf die Entdeckung eines den Planeten umhüllenden ätherischen Dodekaeders hinauslaufen, auf das schon Plato verschiedene Hinweise gegeben hatte und mit dessen Entdeckung sich verschiedene Wissenschaftler in neuerer Zeit befasst hatten, ohne jedoch über den spekulativen Bereich hinausgekommen zu sein.

Das Dodekaeder ist einer der fünf platonischen Körper, d. h. der fünf möglichen gleichseitigen Polyeder. Sie sind nach Plato benannt, weil er als erster sie aufgezählt[68] und mit den vier alchemistischen Elementen und ihrer Quintessenz in Verbindung gebracht hat. Sie waren jedoch schon den Menschen des Neolithikums, mehrere tausend Jahre vor Plato bekannt, wie wunderschöne Beispiele von in Stein gehauenen sphärischen Formen dieser Körper zeigen, die man in Schottland gefunden hat. Die fünf platonischen Körper sind der

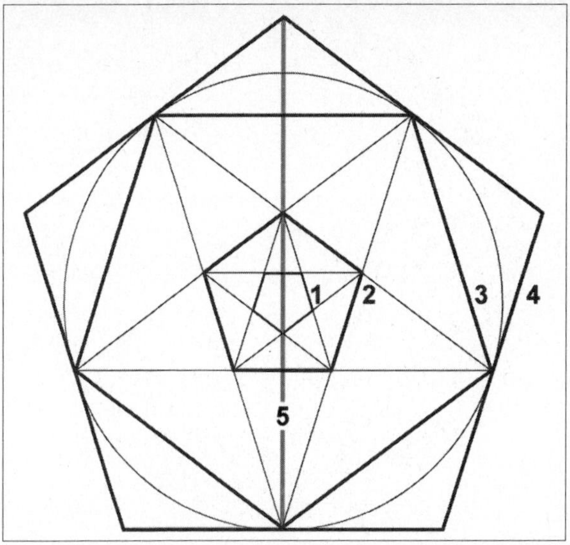

Abb. 28: Pentagonale Geometrie.

sechsseitige Würfel (Erde), das zwanzigseitige Ikosaeder (Wasser), das achtseitige Oktaeder (Luft), das vierseitige Tetraeder (Feuer) und das zwölfseitige Dodekaeder (Äther). Das Ikossaeder und Dodekaeder können auch sphärisch sein und, nachdem sich ihre Geometrie überschneidet und dieselbe Sphäre einnimmt, bilden sie das, was als «Platonische Sphäre» bekannt ist. Jede der zwölf gleichen Seiten des Dodekaeders ist ein gleichseitiges Pentagon.

Nach seiner ersten Entdeckung versuchte Siegfried Beweise dafür zu finden, dass auch frühere Kulturen dieses Wissen schon gehabt hatten, ebenso wie sie offensichtlich die Gralslinie und die kosmische 33°-Linie gekannt hatten. Er fand heraus, dass dieses tatsächlich der Fall war. Pentagonale Geometrie schafft Pentagramme innerhalb von Pentagonen und Pentagone innerhalb von Pentagrammen. Ich habe bereits das nächst kleinere Pentagon zu demjenigen des Gralskönigreiches erwähnt, welches tatsächlich ganz Frankreich umfasst und auch die Schweiz und Belgien noch mit umschliesst. Das nächst kleinere danach bedeckt einen Bereich, der mit dem Herzland Frankreichs zusammenfällt. Und so geht es weiter, bis hinunter zu einem kleinen Pentagon, das unmittelbar Bourges umschliesst. Hier entdeckte Siegfried die Überbleibsel von mehreren römischen Siedlungen um Bourges herum, die alle in gleichem Abstand vom Mittelpunkt der Stadt und ganz offensichtlich so aufgereiht waren, dass sie eines der kleineren, inneren Pentagone im grösseren Pentagon des Gralskönigreiches bildeten. Das jedoch ist eine Geschichte, die er selbst erzählen wird.

Der nächste Schritt für Siegfried bestand darin, den Mathematiker Dr. Christoph Hug zu bitten, auf dem Computer eine Analyse dieser Entdeckungen durchzuführen, um grössere Genauigkeit zu erzielen. Die Ergebnisse, die er im April 2000 von Dr. Hug bekam, waren nicht gerade ermutigend, da dessen Computerausdrucke zeigten, dass das aus dem Pentagon des Gralskönigreiches (GP1) entwickelte nächst grössere Pentagon (GP2) etwas zu klein war, um eine pentagonale Seite des planetaren Dodekaeders zu bilden. Als ich diese Ergebnisse überprüfte, stellte ich jedoch fest, dass die gewünschte Grösse des Pentagons für das planetare Dodekaeder aus dem einfachen geometrischen Mittel zwischen GP1 und GP2 zu bilden war. Zum Beispiel wäre das gewünschte planetare Pentagon des Dodekaeders ein solches, dessen Seiten den Umkreis von GP2 berührten oder, um es anders zu sagen: ein Pentagon, das so um GP2 umschrieben wäre, dass die Mittelpunkte seiner Seiten die Eckpunkte von GP2 berührten, wäre ein Pentagon des planetaren Dodekaeders (PP1).

Auf der Grundlage dieser Beobachtung bestätigte Dr. Hug, dass dies in der Tat der Fall war. Das war aus zwei Gründen ausserordentlich ermutigend: Erstens bestätigte es, dass die Gralslinie und die kosmische 33°-Linie tatsächlich wesentliche Teile der Geometrie des planetaren Dodekaeders bilden und dass die Gralslinie die Hauptachse derjenigen Seite des Dodekaeders ist, die ihren Mittelpunkt in Bourges hat; und zweitens fügt es sich in eine unserer späteren Entdeckungen – dass nämlich die zwölfseitige Dodekaeder-Struktur instabil ist, bevor jede Seite durch ein eingeschriebenes, weiteres Pentagon unterstützt wird. Das bedeutet aber, dass die ätherische, geometrische Struktur des Planeten (oder wenigstens ein Beispiel davon), die Siegfried und ich in dieser Weise entdeckt hatten, in sich stabil ist, wenn die besondere pentagonale Geometrie, die direkt mit dem Pentagon des Gralskönigreiches (d.i. das Pentagon mit der Gralslinie und der kosmischen 33°-Linie) das unterstützende Element bildet.

Was bedeutet nun dies alles? Nun, Plato erwähnt nicht nur die fünf gleichseitigen Polyeder, sondern er bezieht sich auch auf das sphärische Dodekaeder als Symbol der Himmel, des Lichtes, des Universums oder des Ganzen und weist darauf hin, dass dessen besonderer Zauber darin liegt, dass dieses Dodekaeder den Goldenen Schnitt in seiner pentagonalen Geometrie verkörpert und dadurch göttliche Harmonie zum Ausdruck bringt. Nachdem ferner die fünf alchemistischen Elemente in unserem Körper wie auch unserer Psyche ihre Entsprechungen haben, so haben sie dies auch in Körper und Psyche der Welt und des Universums. Daraus folgt, dass auch die platonischen Körper diese Entsprechungen aufweisen. So stellen alchemistische Erde, Wasser, Luft und Feuer nicht nur den festen, flüssigen, gasförmigen und feurigen Zustand der Materie dar, aus welcher unsere Körper bestehen, sondern ebenso die psychologischen Zustände des Bewusstseins und die feinstoffliche Form, die mit vier der Hauptchakren auf der Wirbelsäule zusammenhängen. Zu diesen vier kommen drei verschiedene Äther oder Stufen der erleuchteten Intelligenz. Daher werden sowohl in der Alchemie wie auch in der vedischen Tradition Erde mit dem Wurzelchakra, Wasser mit dem Sakralchakra, Feuer mit dem Solar-Plexus, Luft mit dem Herzen, Äther-1 mit dem Kehlkopf, Äther-2 mit dem Stirn- und Äther-3 mit dem Scheitelchakra verbunden[69]. Die fünf platonischen Körper beziehen sich auf die ersten fünf, wobei das ätherische Dodekaeder (Sanskrit: akasha) mit dem Kehlkopfchakra zusammenhängt.

Es ist deshalb bezeichnend, dass das Pentagon des Gralskönigreiches als das «Herz» der pentagonalen Seite des planetaren Dodekaeders erscheint und dass diese Seite über Bourges und Frankreich ihr Zentrum hat, wo auch das Halschakra und der Nacken des europäischen Stiers liegen. Jetzt wird auch der Grund klar, warum Frankreich ursprünglich Gallien genannt wurde; denn Gall bedeutet «Hahn», und der Hahn ist das Symbol des einweihenden Priesters, der das Wort erschallen lässt, welches das aufdämmernde Licht herbeiruft. Auf diese Weise steht er über den schöpferischen Klang mit dem Kehlkopf in Verbindung. Ferner kann man dem Hinweis folgen, den der Mythos von Europa und dem Stier gibt. Darin kann Europa als Ausdruck des Kehlkopfchakras des ganzen Planeten verstanden werden, weil Taurus aus astrologischer Sicht den Kehlkopf beherrscht.

Nachdem die zwölf Seiten des Dodekaeders üblicherweise benutzt werden, um die zwölf Zeichen des Tierkreises darzustellen, kann man die europäische Seite dieses planetaren Dodekaeders, d.h. diejenige, die Europa bedeckt, als dessen Stier-Facette ansehen. Dies ist die «Schlüsselseite», denn Taurus als Stier oder Ochse kann das Alpha darstellen, den Schöpfer oder das Wort, aus dem alles andere seinen Ursprung nimmt (s. Kapitel 3).

Zusammenfassend ist somit die Gralslinie die Hauptachse eines Pentagramms ätherischer Energie, dessen umgebendes Pentagon (GP1) das Gralskönigreich umgrenzt. Dieses Pentagon ist seinerseits das Herzpentagon eines grösseren Pentagramms, dessen eingeschriebenes Pentagon (GP2) ganz Europa und den nördlichen Teil Afrikas umschliesst. Dieses grössere Pentagon unterstützt ein noch grösseres Pentagon (PP1), in welches es eingeschrieben ist und das seinerseits eine der zwölf Seiten des planetaren Dodekaeders bildet. Dieses Pentagon des planetaren Dodekaeders (PP1) ist seine Stier-Facette, die ätherische Struktur aus vibrierender Energie, die das Paradies auf Erden darstellt oder damit in Verbindung steht – das Licht der Welt oder das «fleischgewordene Wort».

Eine andere Art, dies zu sehen und zu verstehen, besteht darin, das planetare Dodekaeder als grundlegende geometrische Form des ätherischen Lichtkörpers, des Inkarnationskörpers des planetaren Logos, zu erkennen. In dieser Form können wir den planetare Logos als den Meister der Rose oder den Herrn der Welt wahrnehmen. Er sitzt auf seinem Thron im Zentrum der Welt, deren ätherische Struktur ein fünf-strahliger Stern oder eine Rose mit fünf Blütenblättern in ihrem sphärischen dreidimensionalen Zustand ist.

Da aber das planetare Dodekaeder zwölf Flächen hat, von denen jede mit einem Zeichen des Tierkreises übereinstimmt, kann man den Herrn der Welt oder Meister der Rose auch als den planetaren König Artus verstehen, der im Zentrum seines dreidimensionalen Runden Tisches als seines Universums sitzt, das seinerseits ein Heiliger Gral ist. Der Grund dafür, dass die Mysterien von Artus und Atlantis mit ihrem Heiligen Gral vorwiegend in Europa lebten und leben, liegt darin, dass Europa die Stierseite des Runden Tisches des Gralskönigs in diesem Dodekaeder ist und somit das Alpha darstellt, welches den Schlüsselklang für alles übrige ertönen lässt.

Diese aufregende Entdeckung, die am Ende des Jahrtausends gemacht wurde, ist wahrlich ein Jahrtausend-Geschenk für uns alle.

Anmerkungen

1. d.h. Chakren
2. Einige Versionen des Mythos beschreiben den Stier als strahlend kastanienbraun, mit einem silbernen Kreis auf den Brauen und die Hörner geschwungen wie der aufgehende Mond.
3. Ein schönes Gemälde dieser Version des Mythos befindet sich in der Königin-Galerie im Palast von Hampton Court.
   Das «Fleischgewordene Wort» ist ein Avatar – das Göttliche –, inkarniert auf Erden. Das Sanskritwort avatara bedeutet «herabsteigen» und meint das Herabsteigen des Göttlichen in den fleischlichen Körper. Avatare sind Welterlöser. Merkur hat die gleiche Bedeutung wie Avatar. Der Name Merkur (Latein: mercurius) leitet sich von dem altägyptischen Maa Kheru ab und bedeutet «Das wahre Wort». Gleichermassen ist der Titel «Christus» (griechisch: Christos) von dem ägyptischen Wort Kheru abgeleitet. Die ägyptische Sprache wird ohne Vokale geschrieben und Kh ins Griechische als Ch (geschrieben als X) umgeschrieben – somit heisst es ägyptisch: KhR = ChR und griechisch XP (gesprochen: «Chi-Ro»), wovon das Christusmonogramm abgeleitet ist.
4. «... diese Dreifaltigkeit, der grosse Verehrung zukommt, wurde dem antiken Hermes zugeschrieben: die Macht und das Glück eines Königs, das Wissen und die Erleuchtung eines Priesters und die Kenntnisse und Universalität eines Philosophen ...» (Francis Bacon, «Fortschritt im Lernen»).
5. Es wird von Jesus Christus, dem Welterlöser, gesagt, dass er wiederum auf die Erde kommen wird, um die Welt in Gerechtigkeit zu richten (Apg. 17: 31; 2 Tim. 4: 1; 1 Petr. 4: 5)
6. Phönix = «purpurrot», «lieblich», «schön».
7. S. Richard Hinckley Allen, «Sternnamen. Ihre Lehre und Bedeutung», mit weiteren Referenzen über viele dieser Mythen.
8. Anna ist die Schwarze Jungfrau; Maria ist die Weisse Jungfrau.
9. S. Henry Peacham, «Minerva Britannia» (London 1612).
10. Zunächst wurden die feinstofflichen Körper der Psyche als aus ätherischer (Hebr.: Avir) Substanz geformt beschrieben. Die

psychologische Unterwelt sollte aus dichtem, die psychologische «Welt» aus feinem und der psychologische «Himmel» aus dem feinsten Äther bestehen.

11. Poseidon ist der Sohn der Titanen Kronos und Rhea und Enkel von Uranos und Gaia. Gemeinsam mit Zeus und anderen ist er ein olympischer Gott.
12. Genesis 5: 18, 21-24
13. Hebr. 11: 5
14. Im Hebräischen wird dieses Zeichen durch den Buchstaben Shin dargestellt. Wenn es in die Mitte des Namens Jehovah (JHVH) gestellt wird, wird daraus der Name Jehoshivah (JH-Sh-VH) oder Joshua, der hebräische Name von Jesus, der den inkarnierten Messias oder Christus bedeutet.
15. Matth. 3: 11, Mark. 1: 8, Lukas 3: 16, Joh. 1: 26
16. Deut. 33: 22-24
17. Deut. 33: 17
18. Im Alten Ägypten repräsentierte der Schöpfergott Ptah, dessen Kult seinen Mittelpunkt in Memphis hatte, die Stimme Gottes. Der Name und die archetypische Rolle, die der Apostel Petrus («der Sprecher», «Hierophant» oder «Offenbarer») innehatte, war von Ptah abgeleitet.
19. Arkas hängt auch mit dem Sternbild Bootes (Bärenhüter) zusammen.
20. s. Joh. 10: 1-5, 26-30; Hebr. 13: 20
21. s. Joh. 10: 1-16
22. Nach der Tradition wird der Nordpol der Erde mit dem Scheitelchakra und der Südpol mit dem Wurzelchakra gleichgesetzt. Esoterische Tradition bezieht sich auf das Scheitelchakra eines Menschen ebenfalls als dessen Nordpol und auf das Wurzelchakra als den Südpol.
23. In einigen Kulturen, wie beispielsweise in der hinduistischen Kultur Indiens, werden die Zeitperioden nach der Stellung der Sonne nicht zur Winter-, sondern zur Sommer-Tagundnachtgleiche gerechnet. Für die Hindus treten wir daher zur Zeit in das Zeitalter des Löwen und nicht des Wassermanns ein.
24. Aufgrund des sogenannten Fortschreitens der Zeitalter bewegt sich der jährliche Punkt des Sonnenaufgangs zur Zeit der Tag- und Nachtgleiche durch den Tierkreis in umgekehrter Rich-

tung zur Bewegung des jährlichen Umlaufs der Sonne durch den Tierkreis.
Die Hindus bezeichnen die Zeitalter nach dem Stand der Sonne während der Herbst-Tagundnachtgleiche. Von ihrem Standpunkt aus betreten wir also jetzt das Löwezeitalter. Da das Zeichen des Löwen dem des Wassermanns gegenüber liegt.

25. Der Drache windet sich um den okkulten Pol, denn es ist dieser okkulte Pol, der das wirkliche Zentrum bildet, in dem der Schatz des Heiligen Grals liegt und vom Drachen bewacht wird.
26. S. Baigent, Lee & Lincoln, «Das Heilige Blut und Der Heilige Gral», Kap. 11: «Der Heilige Gral».
27. Psalm 110: 4, Hebr. 5: 6, 10; 7: 1-28.
28. Salem, was «Friede» bedeutet, wird für denselben Ort wie Jerusalem gehalten. Der Name Jerusalem ist von dem älteren Namen Urusalim abgeleitet, der in den Tell el-Armana – Briefen erwähnt wird und bedeutet «Stadt des Friedens». Später änderte sich die Bedeutung in «Heiliges Salem» oder «Heiliger Friede». Die Übersetzung ins Griechische lautete: «Hierosolyma». Melchisedek (aus dem Hebräischen: «Malki-sedeq») bedeutet «König der Rechtschaffenheit».
29. Joh. 119: 26-27
30. Joh. 1: 6-41
31. Chrétien de Troyes: «Der Roman von Parzival oder Die Geschichte des Heiligen Gral» (geschrieben ca. 1188).
32. Perlesvaus, geschrieben ca. 1190-1212, Autor unbekannt.
33. Wolfram von Eschenbach: «Parzival», geschrieben 1195 1216.
34. Off. 21: 10-21
35. Epheser 10: 11-17
36. Lludd ist auch bekannt als Nudd.
37. Die fünf wichtigsten irischen Schätze sind der Krönungsstein (Lia Fail), Schwert, Speer, Kessel und Krone, die in dieser Reihenfolge erlangt werden müssen. Sobald er den Kessel errungen hat, wird der König gekrönt. Die Gralsheiligtümer sind Stein, Schwert, Speer, Teller und Kelch, die ebenfalls dieser Reihenfolge erreicht werden müssen. In dieser Gralsversion steht der Teller (auf dem das abgeschlagene Haupt Johannes des Täufers liegt) für den Opferaspekt des Kessels, während

der Kelch die Krone ersetzt. Der Kelch wird benutzt, um den Wiedergeburtsaspekt des Kessels darzustellen, nämlich die Erleuchtung und das ewige Leben, das die in dem Kessel enthaltene Flüssigkeit zu geben vermag. Der Einweihungsweg über Stein, Schwert, Speer, Kessel/Teller und Krone/Kelch hängt mit der alchemistischen Sequenz von Erde, Wasser, Luft, Feuer und Äther zusammen, welche die brennende Kerze so gut aufzeigt: das harte Wachs (Erde) schmilzt und wird flüssig (Wasser), das flüssige Wachs verdampft (Luft), der Dampf bricht in Flammen (Feuer) aus und die Flamme bringt Licht (Äther) hervor.

38. Die Kelten waren notorische Kopfjäger.
39. Kaiser Nero trieb die meisten Mitglieder der Familie in den Martertod. Das Palatium Britannicum wurde in die erste christliche Kirche in Rom umgestaltet und der Hl. Pudentia geweiht, einer der Töchter von Pudens und Gladys (Claudia), die den Martyrertod starb.
40. 2. Tim. 4: 21, Römer 16: 13
41. Llan-ilid oder Llann Iltud Vawr liegt bei Llantwit Major in Glamorgan, Südwales.
42. John Michell war der erste, der dieses Wissen über die immer währenden Chöre Britanniens wiederentdeckte und in seinem Buch: «City of Revelation» («Stadt der Offenbarung») veröffentlichte. Garnstone Press 1972, Kap. 7.
43. Der Hauptkönig der Bretonen hiess «Ard-rig» (Hochkönig). Die Römer machten daraus einen Titel als «Arviragus».
44. Lugh wird auch Hugh oder Hu genannt.
45. Es ist auch bemerkenswert, dass Jesus mit einem Speer erstochen wurde.
46. Manchmal werden in den Mythos von Artus Elemente von Lludd-Gwydion oder sogar dem Grossen Gott Bel selbst hineingewoben. Ebenso erscheint Merlin manchmal als Bel oder sogar Bel's Vater, das Wort Gottes. Demgegenüber ist Elene manchmal eine und dieselbe wie Dôn oder Dôn's Mutter, der weibliche Göttliche Atem (d.h. Geist), der das Wort Gottes trägt.
47. Dudley Wright «Druidism, The Ancient Faith of Britain».
48. In den vedischen Lehren des Osten ist der weibliche Aspekt des männlichen Gottes Shiva als seine «Shakti» oder Braut be-

kannt. Diese liegt an der Wurzel der Wirbelsäule aufgerollt als die grosse Schlangenenergie und wartet darauf, dass ihr Herr, dessen Sitz in der Krone des Hauptes ist, sie zu sich ruft. Die Brahmanen lehren, dass die Shakti die positive, aktive Kraft ist, die sich auf den negativen, empfänglichen Pol (den Gott) in der Krone des Hauptes zubewegt. Die Buddhisten jedoch lehren das Umgekehrte, dass nämlich die Göttin die negative, empfangende Kraft darstellt während der Gott die positive und aktive ist.

49. Der Grosse Bär heisst auch David's Wagen und stellt somit David, die Taube, mit Artus, dem Herrn des Lichtes, gleich. Der Grosse Bär ist auch bekannt als der Wagen Elijah's, der seinerseits eine Inkarnation des Johannes ist, ein anderer Name für die Taube oder den Heiligen Geist. Für die Ägypter bedeutete das Sternbild des Grossen Bären den Wagen des Osiris.
50. In diesem Sinne zieht auf der Erde der Stier oder Ochse Europa's den Grossen Bären von Russland.
51. IOA ist die Vokalwurzel von Jihovah, das im alten Hebräischen ohne die Vokale als JHVH geschrieben wurde. Der keltische Name Iona ist von IOA abgeleitet. IOA, der Herr, gibt (oder offenbart) das Gesetz Gottes in der Welt. Das ist die Tat Gottes, die die grossen Propheten wie Moses, Buddha und Jesus wie ein Echo wiederholten. Das Gesetz Gottes ist das Wort oder Licht Gottes.
52. Jesus von Nazareth's Geburt in einer Höhle, liegend in einer Krippe, und später seine Taufe in den Wassern des Jordan, korrespondiert mit diesem keltischen Einweihungsritual, das dann zur nächsten Einweihungsstufe, der Verklärung, führt. In den orphischen Mysterien des Bacchus, in den ägyptischen Mysterien des Horus und in den hebräischen Mysterien von Moses wird eine ähnliche Geschichte erzählt und ein gleichbedeutendes Ritual ausgeführt.
53. Frijland oder Freeland war eine Bezeichnung, die man früher für die Britischen Inseln und die sie umgebenden Landschaften benutzte.
54. Dieselben Linien konnten auch für die beiden anderen Vierteltagsfeste – Imbolc und Samhain – benutzt werden; denn die Sonne geht an diesen beiden Festtagen im Südwesten am glei-

chen Punkt der Linie unter. Weil die St. Michael's Leyline durch Südbritannien so hervorstechend ist, kann es durchaus sein, dass sie als Kalenderbestimmungslinie auch für den Rest Britannien's benutzt wurde – eine Art Greenwich-Meridian für die grossen Feuerfeste des Jahres.

55. Cicero, der gefeierte römische Autor und Redner, lebte zur Zeit Julius Cäsar's.
56. Manilius Caius, der berühmte Mathematiker und Dichter von Antiochien, der eine poetische Abhandlung über Astronomie schrieb.
57. Richard Hinckley Allen: «Star Names, Their Lore and Meaning», «Taurus the Bull».
58. Als Ochse (ein alternatives Symbol zum Bullen) ist sein Kopf heruntergebeugt und sein Rücken gekrümmt, während er sich anstrengt, um den grossen Pflug oder Wagen von Ursa Major zu ziehen.
59. Die Geschichte von Macbeth handelt davon, wie Birnham Wood nach Dunsinane kommt. Dies benutzte Shakespeare in seinem Drama «Macbeth».
60. Ich danke meinem Sohn Samuel für diese Entdeckung.
61. S. «The Kingstone Zodiac» von Mary Caine.
62. Windsor = Win-de-Sieur = «Der Weisse Berg des Herrn».
63. Taurus der Stier herrscht über den Hals und die Schultern. Der Maitag, der bei Vollmond gefeiert wird, wenn die Sonne astrologisch im Stier steht, bezeichnet den Augenblick im Zyklus, in dem das Wort Gottes gesprochen und vom Mind gehört werden kann. Dort wird es dann gesehen und verstanden. Das ist der Moment der Intuition, wenn man die «kleine, leise Stimme» Gottes vernehmen kann, die ihre Botschaft vom Herzen und Kopf «brüllt».
64. Die Eigenschaften des Kriegers sind mit Hals, Schultern und Armen verbunden. Die weiteren Haupteigenschaften des Menschen – d.h. diejenigen des Dieners, Bauern, Richters oder Ratgebers und des Herrschers – stehen jeweils mit den Beinen, dem Bauch, dem Kopf und der Brust in Beziehung. Sie korrespondieren mit den alchemistischen Elementen und haben sich in den vier Hauptkasten der Gesellschaft niedergeschlagen, die vom Herrscherhaus als der fünften Kaste regiert werden.

65. Wie z.B. erwähnt in: «Vézelay, Symbolisme et Esotérisme» von Francois Vogade (1998).
66. Vulkan oder Hephästos ist gleichbedeutend mit dem keltischen Gott Govannon (britisch) oder Giobnui (irisch).
67. Der Name «Berry» leitet sich vom Namen des gallischen Stammes der Bituriger ab.
68. Plato: «Timaios»
69. Manchmal wird in der westlichen Tradition Feuer mit dem Herzchakra, als Flamme der Liebe des Herzens, in Beziehung gesetzt.

Bildnachweis

Alle Karten und Zeichnungen von Samuel Dawkins und dem Autor. Alle Fotos vom Autor, ausser den nachstehend genannten:

Farbige Abbildungen:
Umschlag: Der Gralsengel von Chartres, Illustration von Michèle Beaufoy nach der Beschreibung und Skizze von Peter Dawkins. Abb. 1: Der Landschaftstempel von Europa und dem Stier. Zeichnung auf der Grundlage eines Kartenbildes aus «High Mountain Maps» © 1993 Digital Wisdom, Inc. Abb. 7: Les-Saintes-Maries-de-la-Mer. Foto von Marianne Rieke. Abb. 11: Das Schloss von Edinburgh. Foto von John Dawkins.

Schwarz-weiße Abbildungen:
Abb. 1, 12, 13, 14, 15, 16, 23, 24, 25: Zeichnungen auf der Grundlage eines Kartenbildes aus «High Mountain Maps» © 1993 Digital Wisdom Inc. Abb. 2: Europa und der Stier. Museo Nazionale, Foto von Dieter Hoeltz. Abb. 3: Pallas Athene mit dem Speer. Emblem der Titelseite aus Nova Atlantis (1643) von Fran-cis Bacon. Abb. 4: Britannia mit dem Speer. Medallion: «Naval Victories» (deutsch: «Siege zur See») 1667. Abb. 5: Britannia mit dem Dreizack. Rückseite der 50-Pence-Münze. Abb. 6: Die Krone mit den drei Federn des Prinzen von Wales. Frontispiz zu «Minerva Britanna» von Henry Peacham 1612. Abb. 7: Christus in der Glorie, Erlöser und Richter. Detail des Tympanons am Westportal, Mitteleingang, der Kathedrale von Chartres. Abb. 8: Melchisedek, Gralskönig. Statue am Nordportal der Kathedrale von Chartres.

Weitere Informationen

Der Zoënce-Trainingskurs

Peter Dawkins führt einen Zoënce-Trainingskurs in verschiedenen Ländern durch. Dieser verfolgt das Ziel, Menschen zu helfen, ihr Bewußtsein, ihre Sensitivität und ihr Wissen über sich selbst und ihre Umgebung zu entwickeln. Er führt zu grösserer Harmonie und Effizienz in ihrem Leben, zu Hause und am Arbeitsplatz. Peter leitet ausserdem weltweit besonders ausgearbeitete geomantische Pilgerreisen und steht auch für private oder geschäftliche Beratungen zur Verfügung.

Für weitere Einzelheiten wenden sie sich bitte an:

Roses Farmhouse, Epwell Road, Upper Tysoe,
Warwick CV35 OTN, England.
Tel:+44 1295-688185
Fax: +44 1295-680770
E-mail: 100616.540@compuserve.com

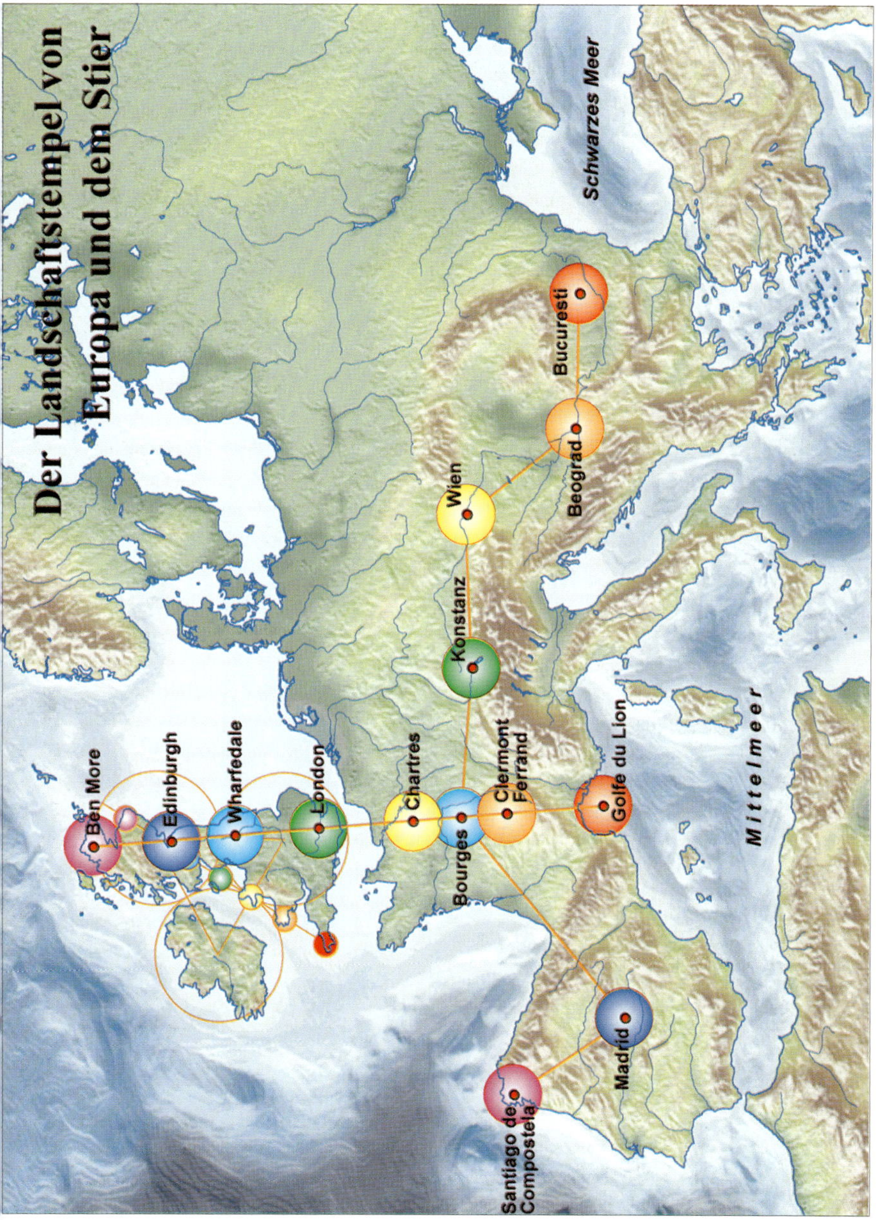

Der Landschaftstempel von Europa und dem Stier.

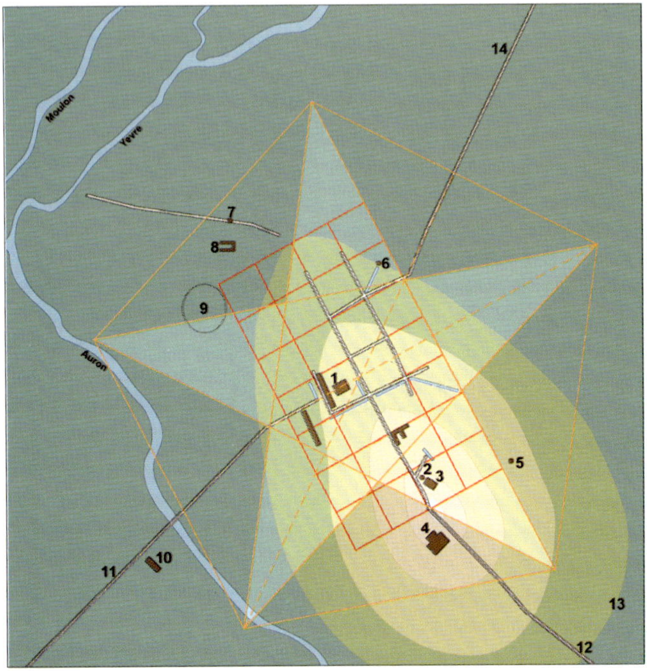

Abb. 2: Plan von Bourges (römisch).
1. Podium
2., 5., 7. öffentl. Gebäude
3., 4., 6. öffentl. Bäder
8., 10. öffentl. Gebäude
9. Amphitheater
11. Straße nach Aquitanien
12. Straße nach Lyon
13. Nekropole
14. Straße nach Orléans

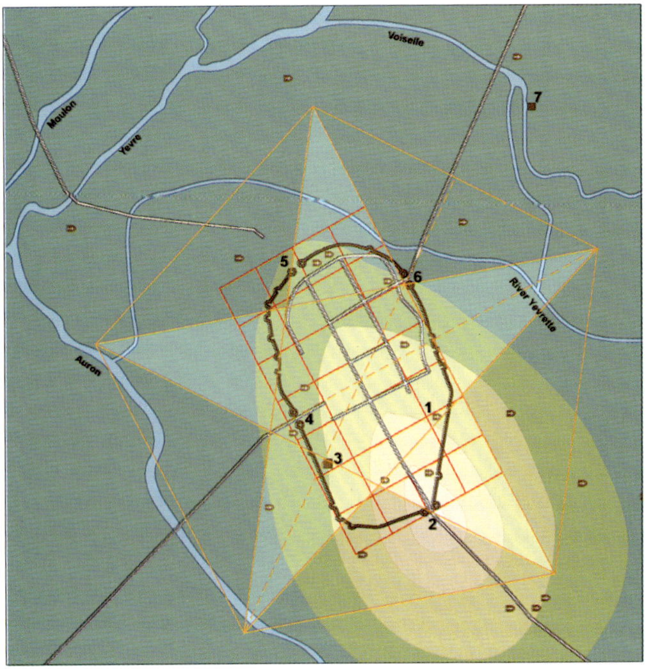

Abb. 3: Plan von Bourges (9./10. Jh.).
1. Kathedrale
2. Lyoner Tor
3. Königspalast
4. Tor nach Auron
5. Neues Tor
6. Tor nach Gourdaine
7. Mühle von Voiselle

Abb. 4: Plan von Bourges (11./13. Jh.).
1. Kloster
2. Kathedrale
3. Dicker Turm
4. Königspalast

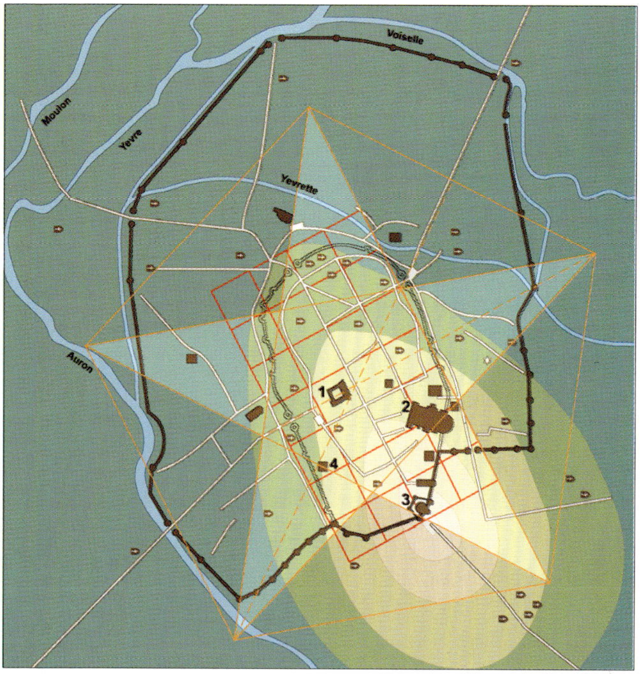

Abb. 5.: Plan von Bourges (15./16. Jh.).
1. Kloster
2. Kathedrale
3. Dicker Turm
4. Königspalast
5. Haus von Jacques Coeur

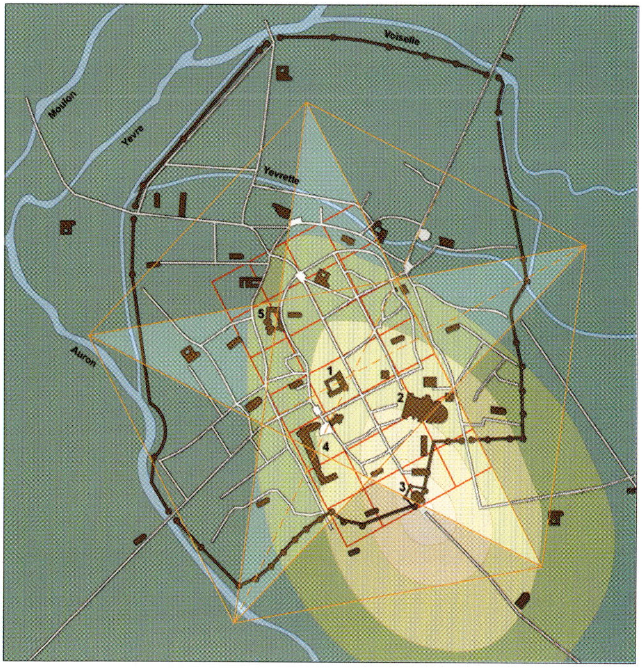

Abb. 6: Saintes-Maries-de-la-Mer.

Abb. 7: Puy-de-Dôme in Clermont Ferrand.

Abb. 8: Chartres.

Abb. 9: Tower von London.

Abb. 10: Das Schloss von Edinburgh.

Abb. 11: Assynt Berge in Schottland.

Abb. 12: Kathedrale von Bourges, Westfront.

Abb. 13: Die Sternenkarte der nördlichen Erdhalbkugel zeigt die «Geschöpfe» des Tierkreises und die natürliche, d.h. ungleichmässige Einteilung des Himmels nach der wirklichen Ausdehnung der Tierkreiszeichen. Die Stellung des Polarsterns und des Himmelsäquators ist für den jetzigen Zeitraum 2000 nach Christus dargestellt.